W0095527

Joachim Bär

Meine Berufung

Gottes Traum für mein Leben

Joachim Bär

Meine
Berufung

Gottes Traum für mein Leben

E RF

SCM

Stiftung Christliche Medien

© 2011 SCM ERF-Verlag im SCM-Verlag GmbH & Co. KG
Bodenborn 43 · 58452 Witten
Internet: www.scm-erf-verlag.de; E-Mail: info@scm-erf-verlag.de

Soweit nicht anders angegeben, sind die Bibelverse folgender Ausgabe entnommen:
Neues Leben. Die Bibel, © Copyright der deutschen Ausgabe 2002 und 2006 by SCM R.Brockhaus im SCM-Verlag GmbH & Co. KG, Witten.
Weiter wurden verwendet:
Lutherbibel, revidierter Text 1984, durchgesehene Ausgabe in neuer Rechtschreibung, © 1999 Deutsche Bibelgesellschaft, Stuttgart. (LUT)
Einheitsübersetzung der Heiligen Schrift, © 1980 Katholische Bibelanstalt, Stuttgart. (EÜ)

Bildnachweis:
Design Pics: Cover | photocase: mi.la 13, møt 19, cydonna 27, neoncolour 34, Timmzie 41, Mella 48, Schneekind 54, milesdeelite 62, Bengelsdorf 69, Enke-live 78, Gräfin. 85, zululord 93, particula 101, like.eis.in.the.sunshine 110, froodmat 121, Hast du den Flow? 129, benicce 137

Gesamtgestaltung: Dietmar Reichert, Dormagen
Druck und Bindung: CPI-Ebner & Spiegel, Ulm
ISBN 978-3-86666-175-2
Bestell-Nr. 312.075.178

Inhalt

Gottes Traum auf der Spur

Ob Gott träumt? Aber natürlich! Welcher Vater träumt nicht von der Zukunft seines Kindes? Gott hegt gute Gedanken für uns Menschen. Sein Herz brennt für uns. Gerade für diejenigen, die sich in seinen großen Plan hineinnehmen lassen.

Selbstverständlich ist er dabei alles andere als verträumt. Er kennt uns genau. Er weiß, wo unser Platz ist und was zu uns passt. Behutsam will er uns seinen Traum für unser Leben näherbringen. Uns zeigen, welchen Teil wir zu seiner Vision für diese Welt beitragen können – wie wir unsere Berufung finden.

Bleibt die Frage: Lassen wir uns auf diesen Traum ein?

Wenn wir begriffen haben, wie gut es Gott wirklich mit uns meint und wie wichtig wir ihm sind, werden wir gerne in die ausgestreckte Hand Gottes einschlagen.

„Gottes Traum für mein Leben" – höchste Zeit, ihm auf die Spur zu kommen! In diesem Buch kannst du deine eigene Berufungsgeschichte mit Gott beginnen. Daher findest du zwischen den einzelnen Kapiteln viel Platz zum Schreiben – du kannst dort in Stichworten notieren, was dir wichtig geworden ist, die Fragen unter dem Stichwort „Meine Berufung" für dich beantworten oder aber auch direkt mit Gott ins Gespräch kommen und ihm schreiben, was dir auf dem Herzen brennt und wovon du träumst.

Dieses Buch ist auf Grundlage des Online-Workshops „Meine Berufung – Gottes Plan für mein Leben" entstanden, der auf dem Internetportal www.mehrglauben.de von ERF Online zu finden ist. Er ist eines von vielen Angeboten, mit denen das Team von www.mehrglauben.de versucht, Menschen zum Glauben einzuladen und sie in ihrer Beziehung zu Gott zu unterstützen.

Die persönlichen Geschichten unter „Gottes Traum – konkret" stammen von Teilnehmern des Workshops. Darin berichten sie, welche konkreten Auswirkungen die Beschäftigung mit dem Thema Berufung in ihrem Leben hatte.

Meine Berufung – wozu das alles?

Wenn ich meine Berufung herausfinden will, möchte ich kein theoretisches Wissen zum Thema ansammeln. Das hilft mir nicht weiter. Zu sehr betrifft dieses Thema meinen Alltag. Ich möchte in erster Linie wissen: Was ist meine Aufgabe? Wo ist mein Platz? Zudem kommt die Beziehung zu Gott ins Spiel. Nicht selten liegt die Frage zugrunde: Was will Gott von mir und wie macht er mir das im Alltag klar?

Allerdings geht es beim Thema Berufung um mehr, als nur etwas zu tun. Es geht auch nicht allein darum, den Willen Gottes herauszufinden. Berufung geht viel tiefer und reicht um einiges weiter. Sie betrifft mein ganzes Sein. Gott geht es um meine ganze Person und um mein ganzes Leben. Haut und Haare, Geist, Seele und Leib.

> Gott geht es um deine ganze Person und um dein ganzes Leben.

Es kann mein Leben also ziemlich umkrempeln, wenn ich meiner Berufung auf die Spur komme – im positiven Sinne. Denn auf diese Weise kommt in all jene Bereiche Klarheit, die normalerweise etwas vage sind. Und das beinhaltet viele Chancen. Zwei Beispiele dazu.

In christlichen Gemeinden findet man häufig die Auffassung, Gott habe einen Plan für das Leben jedes Menschen. Diese Aussage findet man auf frommen Postkarten oder Aufklebern. Mich selbst hat der Satz in Form eines kleinen Brieföffners jahrelang begleitet. Da stand es, weiße Schrift auf orangem Plastik: „Gott hat einen Plan für dein Leben."

Schön für Gott, wenn er einen Plan hat.
Der nützt aber recht wenig, wenn ich
ihn nicht kenne.

Nun kommt diese Aussage nicht von ungefähr, sondern wird durchaus von den Autoren der Bibel gestützt (z.B. Psalm 139,16). Trotzdem bedeutete sie mir nicht besonders viel, auch wenn ich sie für wahr hielt. Ich dachte mir: „Schön für Gott, wenn er einen Plan hat. Der nützt aber recht wenig, wenn ich ihn nicht kenne. Bisher hat er ihn mir nicht gerade detailliert mitgeteilt. Wie soll dieser Plan aussehen? Und wie erfahre ich davon?" Hätte ich im Rahmen meiner Berufung schon früher Antworten bekommen, hätte meine Beziehung zu Gott manchmal besser ausgesehen. Wir wären vertrauter, die Liebe zu Gott tiefer und mein Leben insgesamt zielgerichteter gewesen.

Eine andere, scheinbar selbstverständliche Überzeugung betrifft die Sinnfrage. Jahrelang konnte ich der Ansicht zustimmen, dass der christliche Glaube meinem Leben einen tieferen Sinn gibt. Klar, Gott hatte mich nicht ohne Grund geschaffen und wollte mich irgendwie bei seinem großen Plan mit dieser Welt und den Menschen gebrauchen. Es eröffnete sich also ein riesiges Feld von potenziell sinnvollen Aufgaben.

Trotzdem blieb diese Aussage irgendwie leer und bedeutungslos. Ohne genau zu wissen, wie man diese abstrakte Wahrheit herunterbrechen und im Alltag erleben konnte, wurde diese tiefe sinngebende Eigenschaft des christlichen Glaubens für mich nicht greifbar. Einziges Gegenmittel: Ich musste den Sinn konkret erfahren. In Momenten gefüllt mit sinnvollem Handeln, in denen ich meiner Berufung nachkam. Dann würde der Glaube sinnvoll und mit ihm mein Leben.

Doch woher kommt dieser tiefe Sinn? Was von dem, was ich tue, ist sinnvoll? Wer legt überhaupt fest, was sinnvoll ist? Ohne Gottes Berufung tappt man mehr oder minder im Dunkeln und probiert vielleicht hier und da aus, was passen könnte. Das kann zu guten Ergebnissen führen – oder aber dazu, dass der Glaube eher oberflächlich und ohne Auswirkungen im Alltag bleibt. Denn zu oft fehlen die konkreten Anhaltspunkte, ob ich richtigliege. Bin ich mir hingegen meiner Berufung gewiss, weiß ich, wie und für was ich z.B. meine Gaben im Sinne Gottes einsetzen sollte. Ich weiß, wie ich mein Leben sinnvoll leben kann. Der Glaube ist konkret und direkt mit meinem Alltag verbunden. Ich bin dem tiefen Sinn, den der christliche Glaube bieten kann, ein ganzes Stück näher.

> Meine Berufung zu finden, kann meine Beziehung zu Gott in eine ungeahnte Tiefe und Nähe führen.

Das sind nur zwei Beispiele dafür, wie wichtig es ist, dass ich meine Berufung kenne. Habe ich sie gefunden, lebt es sich anders; sie hat das Potenzial, mein ganzes Leben zu verändern. Sie kann meinen Alltag mit Sinn füllen und ihn zielgerichteter machen. Sie kann die Beziehung zu Gott in eine neue, ungeahnte Tiefe und Nähe führen. Sie kann Glauben, der sich leer anfühlt, neu beleben und stärken, gerade weil er dann direkt mit dem Alltag verbunden ist. Gottes Wille und seine Kraft werden in meinem Leben konkret. Und meine Berufung zeigt mir, wie ich meine Tage auf dieser Erde im Sinne Gottes ausfüllen kann. Höchste Zeit also, ihr auf die Spur zu kommen!

Meine persönliche Berufung beschäftigt mich schon seit einiger Zeit, weil sie für mich eng mit der Suche nach Sinn verbunden ist. Der Frage nachzugehen, ob und wie ich gute Spuren hinterlassen kann, finde ich nicht nur spannend. Es geht für mich vor allem um die tiefe Sehnsucht, ein sinnerfülltes Leben zu führen.

Das zeigt sich in mehreren Bereichen. Zum einen empfinde ich das Wissen sehr entlastend, dass meine Berufung viel mit meinem Sein und mit meiner Identität zu tun hat und nicht ausschließlich damit, was ich tun oder leisten kann. Denn das erhält meinen Wert und meine Würde – selbst wenn ich ernsthaft krank werde oder, spätestens im Alter, nur noch wenig leisten kann. Auch dann bleibt mein Leben sinnvoll.

Zum anderen ergeben viele Lebensumstände plötzlich einen Sinn. Mir wurde klar, dass meine persönliche Berufung stark mit meiner Herkunft, meinen Wurzeln und meiner Prägung zu tun hat. In diesem Zusammenhang sprechen mich immer wieder folgende markante Sätze an, die mir irgendwann einmal begegnet sind: „Die Botschaft meines Lebens erwächst aus meiner Geschichte", oder: „Die Minusse meines Lebens können wichtige Hinweise zu meiner Berufung liefern. Gott verwandelt

Defizite in Segen." Ist es nicht fantastisch, dass Gott meine Lebensgeschichte ernst nimmt und sie behutsam so umbaut, dass ich gute Spuren für andere legen kann?

Das bedeutet nicht, dass mein Leben immer einfach wäre. Aber die Beschäftigung mit diesen Aussagen hilft mir zu sehen, dass das, was mein Leben jetzt ausmacht, dennoch passend und stimmig ist – eben einen Sinn ergibt. Dieses Wissen macht mich immer wieder neu glücklich und zufrieden.

R. S.

Meine Berufung

- Was verstehe ich unter Berufung?
- Welche Fragen bewegen mich dazu, dieses Buch zu lesen?
- Welche scheinbar selbstverständlichen Aussagen zum christlichen Glauben sind für mich bei näherem Hinsehen leer oder ergeben keinen rechten Sinn?
- Welche Bereiche meines Glaubens empfinde ich als unbefriedigend?
  Wo könnte eine Berufung Klarheit bringen?

Es erfordert viel Mut, den eigenen Traum zu erkennen und dann diesen Traum zu verfolgen.

NANCY ORTBERG

13

Berufung: ganz schön wichtig!

Meine Berufung zu finden, ist mit Aufwand verbunden. Im Verlauf dieses Buches wird klar werden: Um ein deutliches Bild zu bekommen, muss ich über meinen Charakter, meine Stärken und Schwächen und meine Geschichte nachdenken, auf Gottes Antwort warten und vieles mehr. Noch schwieriger ist es, das Erkannte auch umzusetzen. Ganz davon zu schweigen, dranzubleiben. Doch es gibt gute Gründe, diese Mühen auf sich zu nehmen.

Zuerst einmal ist Berufung die Art und Weise, wie Gott Menschen in sein Handeln einbezieht. Wer mit Gott in eine Beziehung tritt oder eine Aufgabe von ihm bekommt, den beruft er auch. Das machen unzählige Personen deutlich, von denen die Bibel berichtet. Gott möchte durch Menschen auf dieser Erde handeln. Er will meine Kraft, Kreativität und Begabung zum Bau an seinem Reich einsetzen.

> Gott möchte durch mich
> auf dieser Erde handeln.

Außerdem stimmen wahrscheinlich nur wenige Christen der Überzeugung zu, ihr Glaube sei nichts weiter als ein Freifahrtschein in den Himmel. Gut so, alles andere würde auch nicht mit der Stoßrichtung der Bibel übereinstimmen. Glaube ist eine lebendige Beziehung zu Gott und wirkt sich aus in dem, was ich tue und wie ich es tue (vgl. Jakobus 2,17; 2,26). Mit meiner Berufung im Gepäck handle ich bewusst als Teil des großen Plans Gottes und weiß, was meine Aufgaben sind.

Auf diese Weise entspreche ich mehr und mehr dem Willen Gottes – was letztlich auch mit Gehorsam zu tun hat.

Meine Berufung lenkt zudem mein Handeln in sinnvolle und zielgerichtete Bahnen. Ich weiß, was ich warum mache, und verfalle nicht in blinden Aktionismus, der immer dann entstehen kann, wenn ich meine Ziellosigkeit bewusst oder unbewusst überspielen will. Habe ich meine Berufung gefunden, gibt mir das Orientierung und das beruhigende Wissen: Ich tue das Richtige zur rechten Zeit, und es ist das, was Gott von mir möchte.

Meine Berufung macht mich also ruhiger, sicherer und gelassener. Ich muss nicht bei jeder Kleinigkeit überlegen, was der Wille Gottes für mich ist. Ein Beispiel: Ich bin mir gewiss, dass Gott mich in meiner Kirche oder Gemeinde für die Arbeit mit Kindern gebrauchen möchte, und arbeite hier und da mit. Werde ich nun gefragt, ob ich einen Mitarbeiter im Kindergottesdienst vertreten könnte, brauche ich nicht unbedingt eine besondere Bestätigung von Gott. Denn die grundlegende Richtung ist für den Moment klar. Werde ich hingegen gefragt, ob ich mehrere Nachmittage mit alten Menschen gestalten könnte, kann ich ohne schlechtes Gewissen absagen.

> Meine Berufung macht mich ruhiger, sicherer und gelassener.

Sicher ist es manchmal auch dran, neue Dinge auszuprobieren. Dazu kommen wir aber später. Meine Berufung kann mir also eine Entscheidungshilfe sein, wenn es um zwei gute Alternativen geht. Schließlich ist sowohl die Arbeit mit Kindern als auch mit alten Menschen wichtig. Nicht jeder ist aber für alles geeignet. Auch muss ich mich nicht davon abhängig machen, ob mich andere Menschen loben, belächeln, tadeln oder gar verurteilen. Und selbst wenn in meinem Leben nicht alles glattläuft, muss ich mich nicht fragen: „Was tue ich hier eigentlich? Bin ich hier richtig?" Denn ich weiß, dass die grundsätzliche Richtung stimmt. Die Gewissheit, dass ich das tue, was Gott will, ist Gold wert. Nicht zuletzt macht mich das insgesamt zufriedener.

> Die Gewissheit, dass ich das tue, was Gott will, ist Gold wert.

Darüber hinaus ist meine Berufung eine gute Grundlage dafür, dass ich meine Aufgabe ausdauernd ausfüllen kann. Denn in keinem Job und in keiner Beziehung läuft es immer glatt. Zumindest ein wenig Durchhaltevermögen werde ich früher oder später brauchen. Auch hier kann mir meine Berufung helfen. Denn erstens konzentriere ich mich so eher auf das Wesentliche und kann besser entscheiden, was wichtig ist und was nicht. Und zweitens kann mich meine Berufung außergewöhnlich motivieren. Frust und Überforderung werden unwahrscheinlicher. Ich habe eine sinnvolle Aufgabe, in der ich aufgehen kann und die Hilfe Gottes erfahre – eine ausgesprochen glückliche Lage.

Insgesamt kann ich durch ein Leben in meiner Berufung auch meinen Glauben überzeugend für Menschen leben, die mit Gott nicht viel anfangen können. Er wird konkret und greifbar. Meine Berufung verhilft mir zu einem überzeugenden, missionarischen Lebensstil, mein Leben spricht Bände.

Das alles hat übrigens eine sehr gute und verlässliche Grundlage: Jesus selbst hat zugesagt, dass er bei den Aufgaben, die er gibt, mit seiner Macht gegenwärtig ist und mir hilft. Er beruft Menschen. Und er ist demjenigen treu, der sich von ihm berufen lässt (vgl. 1. Thessalonicher 5,24).

GOTTES TRAUM – KONKRET

Berufung – was ist das? Die Antwort auf diese Frage wurde mir im Lauf der Zeit immer unklarer. Dabei waren mein Mann und ich seit Jahren beruflich in christlichen Gemeinden tätig. Ohne direkt danach zu suchen, entdeckte ich einen Workshop zu genau diesem Thema.

Schnell wurde mir klar: Ich bin nicht nur berufen, meinen Glauben und meine Aufgaben zu leben. Gott legt Wert darauf, mich mit meinen ganz persönlichen Prägungen und Begabungen in seinem Dienst zu haben – wo und wie auch immer. Eine Aussage beschäftigte mich besonders: „Gott ist nicht mein Arbeitgeber." Ja, natürlich, sicher. Es dauerte allerdings einige Zeit, bis ich begriff: Genau das hatte ich bisher gelebt.

Seitdem diese Erkenntnis bei mir angekommen ist, ergibt vieles einen ganz neuen Sinn. Meinem Vater im Himmel geht es nicht in erster Linie um Leistung, sondern darum, dass ich bei ihm zu Hause bin. Berufung heißt für mich heute: Ich darf mithelfen, dass Gottes Ziele in dieser Welt Wirklichkeit werden. Gott wird mich dabei nicht überfordern und mich mit den Fähigkeiten einsetzen, die er mir gegeben hat.

C.S.

Meine Berufung

- Was motiviert mich, nach meiner Berufung zu suchen?
- Fühle ich mich am rechten Platz? Wenn ja, warum?
  Wenn nein, warum nicht?
- Was ist für mich in meinem Leben wichtig?
  Was sind meine Prioritäten?
- Was verstehe ich als den Plan Gottes mit dieser Welt?

Ich bin davon überzeugt, dass wir von Gott so geschaffen sind, dass wir das größte Glück nicht am Sonnenstrand erfahren, sondern dann, wenn wir erleben, dass unser Tun für andere Menschen Bedeutung gewinnt.

BIRGIT SCHILLING

Meine Berufung: Was ist damit gemeint?

Steigen wir tiefer ins Thema ein: Was genau ist mit dem Wort Berufung gemeint? Was steckt hinter dem Begriff? Was sagt die Bibel zum Thema und stimmen die Überzeugungen in unseren Köpfen damit überein?

Zuerst eine kleine Begriffsklärung, denn das Wort Berufung hat im heutigen Sprachgebrauch mehrere Bedeutungen. Wer z.B. vor Gericht in Berufung geht, schöpft ein juristisches Mittel gegen das Urteil des Richters aus. Normalerweise wird ein Professor zu seiner neuen Lehraufgabe berufen. Auch für unliebsame Aufgaben scheint man eine besondere Berufung zu brauchen. Denn wer hat nicht schon einmal diese oder eine ähnliche Frage gehört: „Fühlt sich hier irgendjemand zum Spülen berufen?" Wenn die Bibel von Berufung spricht, meint sie aber etwas anderes.

In der Bibel ist es grundsätzlich Gott, der Menschen beruft. Er tritt in eine besondere Beziehung mit dem Betreffenden und ruft ihn zu einer besonderen Aufgabe. Natürlich werden auch Menschen durch andere Menschen berufen, z.B. durch Propheten (vgl. 1. Könige 19,19). Die sind aber wiederum von Gott beauftragt, sodass letztlich Gott der Handelnde bleibt. Mich selbst kann ich nicht berufen. Ich kann lediglich meine Berufung annehmen oder ablehnen. Wie genau und wen Gott beruft, schauen wir uns später an.

Im ersten Kapitel war schon die Rede davon, dass Berufung weit mehr ist als eine Aufgabe. Die Überzeugung aber, dass Berufung mit einer Aufgabe gleichzusetzen ist, steckt tief in unseren Köpfen drin. Das ist nachvollziehbar. Wenn Gott Menschen beruft, gibt er ihnen einen bestimmten Auftrag. Doch es geht in erster Linie nicht darum, etwas zu tun. Vielmehr geht es um die Berufung zu der lebensrettenden Beziehung mit Jesus. Menschen werden durch die Frohe Botschaft eingeladen, ihr Leben Jesus anzuvertrauen und dadurch die Beziehung zu Gott für immer in Ordnung zu bringen. Habe ich diese Einladung angenommen, bin ich berufen. Christen sind also grundsätzlich Menschen, die von Jesus berufen sind (vgl. 1. Korinther 1,2).

Ich kann mich daher schon einmal entspannen. Ich muss nicht verbissen nach der einen Aufgabe suchen mit der Überzeugung, nur so meiner Berufung nachkommen zu können. Bin ich Christ, bin ich berufen. Die Frage, was das konkret bedeutet, beantwortet das natürlich erst einmal nicht. Trotzdem entlastet mich dieses Wissen. Ich kann ein ganzes Stück gelassener an das Thema herangehen.

Berufung hat also in erster Linie etwas mit meiner Beziehung zu Gott zu tun. Mit dem, wer ich in Gottes Augen bin. Erst danach hat sie etwas damit zu tun, was ich tue – und sei es auch für Gott. Er ist an mir als Person interessiert, an der Beziehung zu mir. Wenn er mich beruft, möchte er eine vertrauensvolle Freundschaft haben, kein Arbeitsverhältnis. Dass sich diese Beziehung dann allerdings auch in dem widerspiegeln sollte, was ich tue, haben wir schon thematisiert. Beides gehört zusammen.

> Berufung betrifft in erster Linie meine Beziehung zu Gott, erst dann geht es darum, was ich tue.

Die Betonung des biblischen Bildes von Berufung liegt auf der rettenden Beziehung zu Gott. Sie ist der Anfang, der Dreh- und Angelpunkt. Trotzdem hat Berufung auch immer etwas mit einer Aufgabe zu tun. Sie bringt mich dazu, mit dem, was ich sage und tue, am Reich Gottes auf dieser Erde mitzuarbeiten. Gottes Plan für mich bleibt also nicht bei meiner Rettung stehen, er ist nicht sinnfrei, ziellos, abgehoben oder weltfremd. Er hängt mit der Sendung zu einer konkreten Aufgabe zusammen. Die Frage nach meiner Berufung betrifft also mehrere Bereiche. Erstens meine Beziehung zu Gott. Die Frage ist: Wer beruft mich und in welchen Auftrag tue ich etwas? Zweitens den Bereich meines Seins bzw. meiner Identität. Die Frage ist: Vertrauter Freund oder Arbeitskraft – als wer tue ich etwas? Und drittens geht es um die Frage nach dem konkreten Handeln: Was soll ich genau tun? Diese drei Bereiche muss ich klären, will ich meiner Berufung auf die Spur kommen.

Deshalb bezieht sich meine Berufung nicht nur auf ein einzelnes, besonderes Berufungserlebnis zu einer Lebensaufgabe, wie es zum Beispiel bei Abraham der Fall ist (vgl. 1. Mose 12,1). Sie bezieht sich auch nicht nur auf den Moment, in dem meine Freundschaft mit Jesus Christus anfängt. Ebenso ist die Sichtweise, dass Berufung nur einzelne Aufgaben betrifft, zu eng. Meine Berufung kann auf der Grundlage der Beziehung zu Gott mehrere besondere Berufungserlebnisse zu bestimmten Aufgaben beinhalten oder aber auch nicht. Sie kann mehrere kleine Aufgaben gleichzeitig umfassen oder nur eine „große" Lebensaufgabe. Gott kann mich zu neuen Aufgaben berufen, sodass bisherige Teile meiner Berufung hinfällig werden. Sie kann sich ändern und verschieben. Meine Berufung beinhaltet also meist mehr als die eine in Stein gemeißelte, unabänderliche Lebensaufgabe. Sie hat oft einen dynamischen, wandelbaren, aus meiner Sicht suchenden Charakter.

Es gibt noch einen weiteren wichtigen Punkt, wenn wir uns über das Bild von Berufung Gedanken machen: Meine Berufung ist nicht per se unbeschreiblich schön oder völlig unangenehm. Beide Vorstellungen gibt es. Je nachdem, wie ich geprägt bin, werde ich zu der einen oder anderen Überzeugung tendieren. Berufung bedeutet aber einerseits nicht unbedingt, dass ich als toller Held eine herausfordernde Aufgabe von Gott bekomme, um die mich alle beneiden. Sie bedeutet andererseits aber auch nicht zwangsweise, dass ich mich völlig aufgeben muss und irgendeine schreckliche Aufgabe von Gott aufgedrückt bekomme, die mir nicht liegt und einige Unannehmlichkeiten mit sich bringt. Tatsache ist, dass Gott auch zu unscheinbaren Aufgaben beruft. Und er beruft auch zu Dingen, die mir sehr gelegen kommen und in denen ich voll aufgehen kann.

Wichtig ist vor allem, dass ich mich auf den Plan Gottes einlasse. Sicher, manchmal passt dieser nicht mit den vorherrschenden gesellschaftlichen Werten zusammen, wie z.B. Erfolg und unbedingter Wohlstand. Indem ich meine Berufung von Gott annehme, unterstelle ich ihm meinen Willen und meine Wünsche. Ich mache mich abhängig von ihm und gebe ein Stück von meinem Drang zur Selbstverwirklichung auf. Das mag nicht in die heutige Zeit passen. In Gottes Plan aber schon. Denn Gottes Berufung bietet im Endeffekt viel größere Freiheit, als ich in meinem Streben nach Unabhängigkeit je gewinnen könnte.

Es kommt jedoch nicht darauf an, um jeden Preis möglichst viel für Gott zu tun. Es kommt nicht darauf an, etwas möglichst Großes zu tun. Und es kommt nicht darauf an, etwas möglichst Unangenehmes zu tun. Es kommt darauf an, das zu tun, wozu er mich befähigt und beauftragt hat. Was das ist, kann ich durch die Suche nach meiner Berufung herausfinden.

> Es kommt nicht darauf an, um jeden Preis möglichst viel für Gott zu tun.

Und um zum Abschluss dieses Kapitels noch ein paar mögliche Missverständnisse aus dem Weg zu räumen: Meine Berufung ist nicht nur ein einzelnes, herausragendes Ereignis, zum Beispiel ein Donnergrollen, durch das Gott zu mir spricht und mir einen Auftrag gibt. Sie ist auch keine Begründung dafür, endlich einmal etwas Neues anzufangen, nur weil die gegenwärtige Situation unbefriedigend ist. Sie ist auch keine Entschuldigung, um nicht selbst nachdenken zu müssen und verantwortliche Entscheidungen für mein Leben zu treffen.

> Meine Berufung ist nicht nur ein einzelnes, herausragendes Ereignis.

Meine Berufung beinhaltet meinen einzigartigen Auftrag, den Gott für mich vorgesehen hat und den nur ich zu Gottes Plan mit dieser Welt beitragen kann. Sie umfasst das, was ich bin, und das, was ich tue, und ist das, wozu Gott mich letztlich geschaffen hat.

Ich fühlte mich wie in einem Gefängnis. 24 Stunden, sieben Tage die Woche. Meine Familie nahm mich einfach zu sehr in Anspruch. Dabei war ich vor meiner Ehe missionarisch so aktiv gewesen. Dafür war jetzt keine Zeit mehr.

Dass meine Familie auch etwas mit meiner Berufung zu tun haben könnte, war mir schon vor längerer Zeit klar geworden. Aber der Weg vom Kopf ins Herz und in die Hände war schwer. Ich musste einige meiner Vorstellungen loslassen. Das war sehr schmerzhaft. Meine Familie als Berufung zu erkennen war und ist ein Prozess. Ich stecke mittendrin.

Mehr und mehr zeigte mir Gott seine Freiheit und seine Sichtweise von meinem „Gefängnis". Durch die Beschäftigung mit meiner Berufung wurde mir klar, wie wertvoll es ist, einen segensvollen Grundstein im Leben unserer Kinder zu legen. Sie als kostbares Geschenk Gottes zu sehen und nicht als Störenfriede. Durch sie zeigt mir Gott seine Liebe. Er verändert mich durch sie, lehrt mich, geduldig zu sein, von mir wegzusehen und mich zu verschenken – was ein lang gehegter Wunsch von mir ist. Meine missionarische Ader kann ich trotzdem oft im kleinen Stil im Alltag ausleben.

Gott hat mir deutlich gemacht, dass er die Familie als Basis für alles Weitere im Leben gebraucht. Es gibt nichts Wichtigeres, als diese Zelle zu schützen, zu pflegen und zu stärken. In der Bibel finde ich einige Stellen, die beschreiben, wie Gott sich Familie nach seinem Herzen wünscht und welcher Segen damit verbunden ist. Das sind alles Bestätigungen für mich. Ich bin weiter auf dem Weg und merke: Alles hat seine Zeit. Gott sei Dank!

S. G.

Meine Berufung

- Welche Geschichten aus der Bibel fallen mir zuerst ein, wenn ich an Berufung denke?
- Welche Vorstellung von Berufung überwiegt in meinem Denken?
- Wo habe ich meine Berufung schon gefunden, für welchen Bereich suche ich noch Antworten?
- Die eigene Unabhängigkeit aufgeben – was löst dieser Gedanke in mir aus?

Los geht's!

Finde selbst heraus, was die Bibel zum Thema Berufung sagt. Suche auf www.bibleserver.com nach Bibelstellen, in denen die Wörter Berufung, berufen etc. vorkommen.

Berufung, das bedeutet:
Gott sagt Ja zu mir!

KLAUS-GÜNTER PACHE

Meine Berufung und mein Beruf – wie passt das zusammen?

Das heute geläufige Wort „Beruf", das eine auf Dauer ange-
legte Erwerbstätigkeit beschreibt, kommt ursprünglich von
„Berufung". Beides scheint etwas miteinander zu tun zu haben. Kein Wunder, denn für so manchen Beruf braucht man
wirklich so etwas wie eine Berufung, sonst hält man ihn nicht
durch. Stellt sich die Frage, ob mein Beruf und meine Berufung zusammenhängen. Oder muss ich sie getrennt betrach-
ten? Kann ich meiner Berufung nachkommen, auch wenn ich
keinen geistlichen Beruf ausübe, also z.B. nicht Pastor bin?
Um die Stolperfallen bei diesen Fragen zu erkennen, lohnt ein
kleiner Ausflug in die Geschichte.

Wie schon erwähnt, beinhaltet der biblische Berufungsbegriff
mehrere Aspekte. Es geht um meine Rettung, aber auch um
meine neue Identität durch meinen Glauben an Jesus Christus. Dieses weite Verständnis wurde jedoch in der Geschichte
der Kirche schon recht früh aufgegeben. Wenn man also von
„Gottes Berufung" sprach, meinte man die besondere Berufung in den geistlichen Stand, also zum Mönch oder Priester.
So kam es zur bekannten Unterscheidung in berufene Geistliche und unberufene Laien.

Martin Luther räumte biblisch fundiert mit diesem Verständnis auf und erweiterte diesen engen Berufungsbegriff wieder.
Für ihn war die tägliche Arbeit eine Art Gottesdienst und
nicht weniger wert als die scheinbar besonders geistlichen
Werke eines Pastors. Jeder Christ hatte seiner Meinung nach
z.B. die Berufung, Gottes Schöpfung zu gestalten und zu erhalten (vgl. 1. Mose 1,28). Darüber hinaus sollte der Glaube
an Jesus Auswirkungen in Ehe, Familie und Arbeit haben. In

diesem Sinne hat Luther Beruf und Berufung wieder eng miteinander verbunden. Es bedeutete nicht mehr ausschließlich, einen geistlichen Beruf auszuüben.

Später fiel man dann wieder von der anderen Seite vom Pferd. Man hielt es für die christliche Berufung schlechthin, seinen Aufgaben im Beruf und den gutbürgerlichen Pflichten nachzukommen. Auch heute ist ein leicht eng geführtes Bild von Berufung verbreitet – allerdings wieder mit einer Schieflage in die andere Richtung: Der Beruf ist zum Geldverdienen da, Berufung hat mit einem Dienst in der Gemeinde zu tun. Und wer in einer christlichen Organisation oder Kirche arbeiten will, sollte schon eine besondere Berufung vorweisen können. Diese Trennung ist nachvollziehbar, aber fern von der Frage, was Gottes Wille für mein Leben ist. Wer sein Leben auf diese Weise aufspaltet, wird nicht die Gesamtheit seiner Berufung erfassen.

> Wer sein Leben aufspaltet, wird nicht die Gesamtheit seiner Berufung erfassen.

Die Bibel hält beim Thema Beruf und Berufung eine bemerkenswerte Spannung, zum Beispiel bei Paulus. Er war ein Mann mit einer außerordentlichen Berufung, der er sehr konsequent folgte. Er übte als Apostel einen unermüdlichen Dienst aus, musste vieles entbehren und war einige Male in Lebensgefahr. Nur eine klare Vorstellung seiner Berufung und Gott als Kraftquelle konnten ihn durch diese schweren Zeiten tragen.

Dennoch hatte er es nicht nötig, zwischen Beruf und Berufung zu trennen. Er arbeitete während seiner Missionsreisen in seinem alten Beruf als Zeltmacher (vgl. Apostelgeschichte 18,3) – und zwar, um seine Berufung zu finanzieren. Er wollte seiner Berufung ganz nachkommen, dabei aber nicht finanziell von anderen Menschen abhängig sein. Deshalb arbeitete er nebenbei.

Außerdem rät Paulus in 1. Korinther 7,17-34, dass jeder neue Christ in seinen Lebensverhältnissen bleiben soll. Jeder soll sich also dort in seinem Glauben bewähren, wo Gott ihn hingestellt hat. Das bedeutet nicht, dass die gegenwärtige Situation und der gegenwärtige Beruf schon die ganze Berufung darstellen. Es bedeutet aber, dass man sich in der Lebenssituation, in der man sich gerade befindet, auf Gott ausrichtet. Berufung bedeutet nicht, dass sich alle bisherigen Lebensumstände komplett ändern müssen. Ein ganz normaler Beruf und Berufung schließen sich nicht aus.

> Berufung bedeutet nicht, dass sich alle bisherigen Lebensumstände komplett ändern müssen.

Auch Jesus trennt beides nicht. In Lukas 3,12-14 kommen Zöllner und Soldaten zu ihm und fragen, wie sie sich verhalten sollen. Jesus rät ihnen nicht, ihre völlig ungeistlichen Berufe aufzugeben und eine theologische Ausbildung anzustreben, weil sie nur dann ihrer Berufung nachkommen können. Er erwartet aber von ihnen, dass sie sich in ihrem Tätigkeitsfeld anders verhalten. Sie sollen ihren bisherigen Beruf ausüben – allerdings mit anderen Maßstäben.

Ähnliches gilt für heute. Je nachdem, wie die jeweilige Berufung aussieht, kann jeder in seinem beruflichen Umfeld unter der Leitung des Heiligen Geistes Gottes Berufung nachkommen und an seinem Reich bauen. Natürlich kann Gottes Berufung auch die Ausübung eines geistlichen Berufes mit sich bringen. Das ist aber nicht zwingend der Fall.

Es kann auch sein, dass eine neue Tätigkeit in meinen Blick kommt, wenn ich mich näher mit meiner Berufung beschäftige. Denn vielleicht spricht Gott ganz neu zu mir und ich werde mir bewusst, was mir wirklich liegt und womit ich meine Zeit ausfüllen möchte. Hier muss ich natürlich sehr ehrlich zu mir selbst sein und meine eventuelle Unzufriedenheit nicht mit meiner Berufung verwechseln. Es besteht aber die Chance, dass mein Beruf ein Teil meiner Berufung wird, wenn ich dem Thema neu auf der Spur bin.

Beruf und Berufung kann man also nicht völlig voneinander trennen. Das scheint auch gar nicht von Gott gewollt. Er teilt nicht auf in einen Bereich, in dem man Geld verdient, und einen anderen, in dem man seiner Berufung nachkommt. Beides sollte eine Einheit sein. Deshalb kann auch mein Beruf in meiner Berufung einen Platz haben. Trotz dieser Einheit bleibt ein Unterschied zwischen Beruf und Berufung. Denn meine Berufung ist deutlich mehr als die Ausübung meines Berufes.

> Gott teilt nicht auf in einen Bereich, in dem man Geld verdient, und einen anderen, in dem man seiner Berufung nachkommt.

Mein Leben war im Umbruch. Die Aufgaben als Hausfrau und Mutter füllten mich nicht mehr aus, weil unsere Kinder – der Jüngste war zu der Zeit 14 – immer selbstständiger wurden. Zwar hatte ich schon längere Zeit nach einer Teilzeitarbeit Ausschau gehalten, wollte aber nicht irgendeinen Job annehmen. Ich wollte etwas tun, was meinen Gaben und Fähigkeiten entsprach.

Die Beschäftigung mit meiner persönlichen Berufung ermutigte mich, auf Gottes Handeln zu warten und darauf zu vertrauen, dass meine Situation bei ihm in guten Händen ist.

Ich engagierte mich in der folgenden Zeit ehrenamtlich in einem Verein, besuchte öfters einen Bewohner des örtlichen Altenheims und absolvierte eine Fortbildung zur Pflegebegleiterin pflegender Angehöriger.

Dann die Überraschung: Ich wurde gefragt, ob ich eine Stelle als Betreuungsmitarbeiterin für demenziell veränderte Menschen annehmen wollte. An so etwas hatte ich eigentlich nie gedacht! Heute merke ich aber, wie mich die Arbeit erfüllt. Ich habe alle Freiheiten und wurde sogar gebeten, für zwei Wohngruppen zweiwöchentlich eine Andacht zu halten, was sehr positiv angenommen wird.

Das alles ist für mich ganz eindeutig die Führung Gottes. Und ich bin sehr dankbar für diese Arbeit und dafür, dass er mich ein Stück tiefer in meine Berufung geführt hat.

P. K.

Meine Berufung

- Aus welchen Gründen übst du deine momentane Tätigkeit aus?
- Empfindest du deinen Beruf als deine Berufung? Oder gibt es einen Aspekt, der deiner Berufung evtl. hinderlich ist?
- Empfindest du deinen Alltag oder Teile davon als Berufung? Wenn ja, warum? Wenn nein, warum nicht?
- In Bezug auf deinen Alltag und deinen Beruf: Was könntest du verändern, um stärker Jesu Willen zu entsprechen? Wo täte eine neue Ausrichtung gut?

Wenn Sie dazu berufen sind, die Straßen zu fegen, dann fegen Sie, wie Michelangelo malte, wie Shakespeare Gedichte schrieb und wie Beethoven komponierte. Fegen Sie die Straßen so, dass alle die himmlischen und auch die irdischen Heerscharen innehalten und sagen: Er lebte als ein großer Straßenfeger und er hat seine Arbeit gut gemacht.

MARTIN LUTHER KING

Wie beruft Gott?

Wer als Christ an Berufung denkt, erinnert sich schnell an die großen Berufungsgeschichten der Bibel: Mose wird durch einen brennenden Dornbusch und Gottes direktes Reden zu seiner besonderen Aufgabe berufen (vgl. 2. Mose 3-4). Ein Engel des Herrn begegnet Gideon (vgl. Richter 6), Jesaja hat spektakuläre Visionen (vgl. Jesaja 6) und Paulus hört Jesu Stimme und wird von einem Licht umgeben (vgl. Apostelgeschichte 9). Auch die ersten Jünger scheinen sich von jetzt auf gleich berufen zu lassen (vgl. Matthäus 4,18-22). Sind diese Ereignisse als Norm dafür zu verstehen, wie Gott seine Leute beruft? Und wenn ich solche Erlebnisse nicht vorweisen kann, bin ich dann nicht berufen? Beruft Gott immer auf spektakuläre Art und Weise?

Ein Blick in die gesamte Bibel beantwortet diese Fragen mit Nein. Denn es gibt auch andere Vorbilder, z.B. Silas, einen Mann aus der Apostelgeschichte. Er wird von den Ältesten der Gemeinde in Jerusalem ausgewählt, mit Paulus nach Antiochien zu gehen (vgl. Apostelgeschichte 15,22). Und später wird er von Paulus selbst als Begleiter ausgewählt, nachdem Markus für die Aufgabe ungeeignet schien (vgl. Apostelgeschichte 15,40). Dass Silas ein besonderes Erlebnis mit Gott gehabt hätte, wird nicht erwähnt.

Natürlich ist das ein Argument des Schweigens. Es könnte schließlich sein, dass Silas ein besonderes Berufungserlebnis hatte, es aber in der Apostelgeschichte nicht erwähnt wird. Trotzdem ist es genauso wahrscheinlich, dass äußere Bedingungen bei diesen Entscheidungen nicht unerheblich waren. Paulus brauchte einen Mitarbeiter und Silas nimmt die Berufung durch die Gemeinde und Paulus an.

Silas war offen dafür, von Gott gebraucht zu werden. Sicher hatte er sich schon in der einen oder anderen Art und Weise bewährt. Vordergründig wurde er daraufhin durch menschliche, strategische Entscheidungen berufen. Dahinter steckte aber Gottes Führung.

> Gott kann auch scheinbar profane, äußere Umstände gebrauchen, um zu seinem Zielen zu kommen.

Wir sehen: Gott kann auch die scheinbar profanen, äußeren Umstände gebrauchen, um zu seinen Zielen zu kommen. Er scheint auf spektakuläre Ereignisse allein nicht angewiesen zu sein und kann auch durch Fakten, Vernunft, Logik, strategische Überlegungen, Mitgefühl, sogar Verfolgungssituationen berufen. Meine innere Überzeugung, dass ich berufen bin, kann durch äußere Umstände geweckt und gestärkt werden. Ein kleines Beispiel: Wenn ich von der Notsituation bestimmter Menschen erfahre, also schlicht Informationen erhalte, kann Gott dadurch zu mir sprechen und mir klarmachen: „Ich möchte, dass du diesen Menschen hilfst." Wer also vom großen Tsunami 2004 im Indischen Ozean oder von den Überschwemmungen in Pakistan 2010 nichts mitbekommen hat, wird wohl kaum die Berufung empfinden, den betroffenen Menschen zu helfen. Natürlich ist es nicht ausgeschlossen, dass Gott mich auf übernatürliche Weise informiert. Der Normalfall wird das aber nicht sein. Er kann ganz normale Fakten und profanes Wissen gebrauchen, um mich zu berufen.

Wahrscheinlich sind sogar die meisten Berufungsgeschichten eher stiller Natur. Sie sind unscheinbar, schrittweise und leise. Die Mehrzahl der Menschen muss die eigene Berufung ohne ein spektakuläres Ereignis finden. Deshalb enthüllt sie sich oft nach und nach und ist nicht für das ganze Leben festgelegt. Sie ist oft vorläufig. Man muss suchen, tasten, ausprobieren und sich bestätigen lassen. Manchmal erweist sich die angenommene Berufung sogar erst im Rückblick als richtig. Natürlich kann Gott auch heute spektakulär berufen. Doch wie diese Berufungsgeschichten in der Bibel die Ausnahme bilden, so werden sie auch heute eher die Ausnahme sein.

Letztlich sind die Möglichkeiten, wie Gott beruft, unerschöpflich. Gott kann mich beim Lesen der Bibel ansprechen, durch bestimmte Informationen, durch innere Eindrücke, äußere Umstände, eine Predigt, schwere Situationen und Leid an mir selbst und anderen – die Liste ist unendlich. Wichtig ist vor allem die enge Verbindung mit Gott und seinem Geist, der mir klarmachen kann, was Gott möchte.

> Wahrscheinlich sind die meisten
> Berufungsgeschichten stiller Natur.

Ebenso lässt sich bei den biblischen Berufungsgeschichten entdecken, dass Gott keine Berufung ausspricht, ohne die nötige Bevollmächtigung zu verleihen. Das zeigt zum Beispiel Jeremia 1,9. Wen Gott beruft, dem schenkt er auch die notwendige Ausrüstung. Er hilft ihm und führt ihn.

Doch Gott nimmt auch unsere Bedenken ernst. Denn die meisten Menschen sind erst einmal überrascht von Gottes Auftrag. Sie fühlen sich nicht selten überfordert. Diesen Zweifeln kommt Gott entgegen, indem er seine Hilfe zusagt. Gottes Berufung muss mich nicht erschrecken.

GOTTES TRAUM – KONKRET

Meine Berufung führt mich geradewegs in die Weltmission. Das hatte ich nie vor. Ich war mir sicher, Gott würde mich dort niemals gebrauchen. Ich dachte: In der Mission werden nur handwerkliche, medizinische und theologische Berufe gesucht und ich studiere BWL. Bis kurz vor Ende meines Studiums dachte ich so.

Dann hatte ich ein Berufungserlebnis. Ohne Stimme aus einem brennenden Busch, ohne eine Salbung auf dem Kopf und ohne ein helles Licht vom Himmel. Ich wurde schlicht und einfach gefragt, ob ich mir vorstellen könnte, mich mit meinen Talenten und meinem BWL-Wissen dafür einzusetzen, dass Menschen weltweit durch Medien von Jesus hören können.

Klingt unspektakulär. Ist es auch. Warum weiß ich trotzdem, dass ich berufen bin? Das hat drei Gründe. Erstens hatte ich einige Monate zuvor im Gebet die Sorgen um meine Zukunft

Gott überlassen mit der Bitte, mich dort zu gebrauchen, wo er es für richtig hält. Ich war also grundsätzlich bereit und offen.

Als ich zweitens einigen Freunden von dieser Berufsperspektive erzählte, sagten sie gleich: „Hey, das ist genau dein Ding. Mach das!"

Drittens hatte ich nach vielen Gebeten dieses innere Gefühl, das ich oft bei dieser Art von Entscheidung habe: ein Gefühl, das mich einerseits vor einem Schritt aus meiner Komfortzone warnt – mich andererseits aber mit der Gewissheit erfüllt, von Gott getragen zu werden.

Als mir diese drei Punkte bewusst wurden, war mir klar: Hier kann ich nicht mehr Nein sagen – und ich wollte es auch nicht mehr.

P. R.

Meine Berufung

- Wie würdest du gerne berufen werden, wenn du die Wahl hättest: spektakulär oder nicht? Warum?
- Haben spektakuläre Berufungen Vorteile gegenüber unspektakulären Berufungen? Oder auch Nachteile?
- Vor welcher Berufung bzw. vor welcher Art von Berufung hätte ich Angst? Warum?

Los geht's!

Lies eine oder mehrere der folgenden Berufungsgeschichten ganz durch, um ein Gefühl dafür zu entwickeln, wie Gott beruft:

- Abraham (1. Mose 12)
- Mose (2. Mose 3-4)
- Samuel (1. Samuel 3)
- David (1. Samuel 16)
- Ester (Ester 1-2)
- Johannes der Täufer (Lukas 1,5-25; 57-80)
- Maria (Lukas 1,26-56)

Eine der Tragödien, wenn wir von Gott gegebene Gelegenheiten nicht nutzen, ist es, dass wir vielleicht nie erkennen, welchen großen Einflussbereich und welches Wunder wir verpassen.

ERWIN MCMANUS

Wen beruft Gott?

Es gibt beeindruckende Menschen. Sie scheinen ihre Lebensaufgabe gefunden zu haben und sind sehr erfolgreich. Sie haben eine besondere Ausstrahlung, sind sehr begabt und üben
z.B. einen vollmächtigen geistlichen Dienst aus. Was ist aber,
wenn ich keine herausragenden Begabungen vorzuweisen
habe? Kann mich Gott dann überhaupt gebrauchen?

> Mit Begabung allein scheint Gottes
> Berufung nur bedingt etwas zu tun
> zu haben.

Um es zu Anfang gleich deutlich zu sagen: Mit Begabung allein scheint Gottes Berufung nur bedingt etwas zu tun zu haben. Das wurde schon daran deutlich, dass jeder Christ dazu
berufen ist, etwas zu sein, und nicht nur, etwas zu tun. Gott
beruft alle Menschen, in seine Nähe zu kommen und sich auf
eine Beziehung zu ihm einzulassen – ganz ohne Rücksicht
auf besondere Fähigkeiten. Er beruft sündige Menschen (vgl.
Matthäus 9,13) und solche, die sich plagen und schwere Lasten zu tragen haben (vgl. Matthäus 11,28) – nun wirklich
nicht die Elite, die alles im Griff hat.
Gott beruft nicht nur die großen Helden. Hierfür findet auch
Paulus bemerkenswerte Worte: „Seht doch auf eure Berufung, Brüder! Da sind nicht viele Weise im irdischen Sinn,
nicht viele Mächtige, nicht viele Vornehme, sondern das Tö-
richte in der Welt hat Gott erwählt, um die Weisen zuschan-

den zu machen, und das Schwache in der Welt hat Gott erwählt, um das Starke zuschanden zu machen" (1. Korinther 1,26-27; EÜ).

Damit ist die Sichtweise Gottes deutlich. Er hat es nicht nötig, sich an menschlichen Kriterien und Maßstäben zu orientieren. Wer also besonders klug, beredt oder sonst wie hochbegabt ist, ist nicht automatisch berufen. Gerade diejenigen, die nach menschlichen Maßstäben schwach, ungebildet oder voller Selbstzweifel sind, kann Gott gebrauchen. Denn an ihnen wird besonders deutlich, dass Gott durch sie wirkt (vgl. 2. Korinther 12,9). Logisch, denn aus eigener Kraft hätten sie es ja nicht geschafft.

> Gott hat es nicht nötig, sich an menschliche Kriterien und Maßstäbe zu binden.

Die Bibel beschreibt mehrere solcher Personen genauer. Mose beispielsweise war absolut kein redegewandter Mensch. Trotzdem sollte er vor dem damaligen Herrscher für sein Volk eintreten (vgl. 2. Mose 3,9-10). Zögerlich war er auch. Denn selbst nachdem sich ihm Gott in dem brennenden Dornbusch durch seine Stimme und weitere Zeichen zu erkennen gegeben hat, schlägt Mose vor, Gott solle sich einen anderen suchen (vgl. 2. Mose 4,13). Ein Held und Vorbild sieht anders aus. Trotzdem hält Gott an seiner Berufung fest. Mose wird zum Führer des Volkes Israel und übt seine komplexe Aufgabe bis zum Lebensende aus.

Es gibt weitere Beispiele in der Bibel. Und es lohnt sich gerade in Bezug auf das Thema Berufung, einige Texte genauer zu lesen. Petrus zum Beispiel, der Jesus verleugnete, wurde zu einem der wichtigsten Männer der frühen christlichen Gemeinden (vgl. Matthäus 26,69-75; Apostelgeschichte 1,15 – 2,41). Gideon bekommt seine Berufung durch Zeichen bestätigt und zögert mehrfach, bevor er seinem Auftrag nachkommt (vgl. Richter 6). Auch das Volk Israel wird von Gott gerade nicht deshalb erwählt, weil es groß und mächtig ist (vgl. 5. Mose 7,7-8). Dieses Muster durchzieht das gesamte Alte Testament.

Menschliche Maßstäbe scheinen für Gott also zweitrangig zu sein. Doch welche Faktoren führen dann zu meiner Berufung? Der Schlüssel liegt einerseits im souveränen Handeln Gottes. Warum er wen wozu beruft, lässt sich nicht völlig erklären. Als Schöpfer der Welt ist Gott letztlich keine Erklärung dafür schuldig (vgl. Römer 9,18-21). Er kann zudem Eigenschaften und Fähigkeiten an Menschen sehen, die anderen noch verborgen sind und die sie selbst vielleicht noch nicht wahrnehmen. Er beruft deshalb unter Umständen Menschen, die von außen betrachtet noch ungeeignet erscheinen, in seinen Augen aber genau die Richtigen sind.

> Gott beruft, wen er für richtig hält, zu den Aufgaben, die er für richtig hält.

Auf was es jedoch wirklich ankommt, ist die innere Einstellung und die enge Verbindung zu Gott. Diese Beziehung will gepflegt sein. Auch muss ich gewillt sein, auf Gott zu hören und manchmal auf sein Reden zu warten – dann aber bereit sein, loszugehen, wenn er redet. Gute Beispiele dafür finden wir in den Berufungsgeschichten von Samuel und Jesaja. Sie stellen sich Gott direkt zur Verfügung. Jesaja sagt: „Hier bin ich, sende mich" (vgl. Jesaja 6,8). Samuel richtet sich ganz auf Gott aus: „Rede, Herr! Dein Diener hört" (vgl. 1 Samuel 3,9). Ich sollte also in enger Verbindung mit Gott stehen und offen sein für sein Reden. Mir bleibt erst einmal nichts anderes übrig, als zuzuhören. Das hält mich nah bei ihm, das macht mich von ihm abhängig – was bei einem guten Gott auch eine gute Sache ist. In diesem Klima kann meine Berufung wachsen.

Das alles bedeutet natürlich nicht, dass jemand mit besonderen Begabungen nicht berufen werden könnte. Gott sind Begabungen nicht völlig egal, so z.B. bei Paulus. Er war ein eifriger und hochbegabter Theologe seiner Zeit (vgl. Galater 1,14). Gott gebraucht die Stärken von Paulus, all das, was er kann und was er weiß. Und Paulus lässt sich auf Gottes Berufung ein, bleibt nah bei ihm und hört auf ihn. Für manchen Begabten mag es vielleicht schwerer sein, sich auf Gott zu verlassen und in enger Verbindung mit ihm zu leben. Schließlich hat er in vielem auch alleine Erfolg. Begabung schließt aber Berufung nicht aus.

Das Thema Berufung hat mich schon als Kind interessiert. Mit großen Plänen im Kopf fragte ich mich: „Was will ich aus dem Leben machen, das Gott mir geschenkt hat?" Der Stand heute: 55 Jahre, Mutter von drei erwachsenen Söhnen, einmal verwitwet, einige Probleme mit meiner neuen Patchworkfamilie, verstärkt durch das Alkoholproblem meines jetzigen Mannes.

Eine große Glaubensheldin bin ich nicht. Das Thema Berufung bleibt aber spannend für mich. Was mache ich heute aus meinem Leben mit meinen Möglichkeiten und Fähigkeiten? Wann habe ich mich in die falsche Richtung bewegt oder treiben lassen? Wie will ich mein weiteres Leben gestalten? Wo soll ich selbst agieren und wann mit Gottvertrauen abwarten?

Beim Nachdenken über meine Berufung bekomme ich die eine oder andere Antwort. Natürlich schaue ich auf der einen Seite auf viele Dinge meines Lebens mal mehr, mal weniger zufrieden zurück. Zugleich aber gewinne ich auch Abstand zu meinen persönlichen Problemen. Ich schaffe es immer mehr, zum Beispiel Wichtiges von Unwichtigem zu unterscheiden.

Das gelingt noch nicht immer, aber die Richtung stimmt wieder. Ich habe auf diese Weise mehr Lebensfreude, engagiere mich mehr, bin viel gelassener. Das ist wohltuend für meine Mitmenschen. Ich hoffe, ich kann diese positiven Eigenschaften gepaart mit Vertrauen auf Gott erhalten.

R. S.

Meine Berufung

- Welche Christen in meinem Umfeld beeindrucken mich? Hat das etwas mit dem Thema Berufung zu tun?
- Gibt es Gründe, die mir das Gefühl geben, für eine Berufung Gottes nicht geeignet zu sein? Welche sind das?
- Bin ich offen für Gottes Reden? Wie kann ich besser lernen, auf Gott zu hören?
- Sehe ich das Verhältnis von Berufung und meinen Gaben als Widerspruch? Oder passt das meiner Meinung nach gut zusammen?

Gott beruft nicht fähige Leute,
er befähigt die, die er beruft.

SHERI WILSON

Wie sieht meine Berufung genau aus?

Mit den Bereichen Identität, Beziehung zu Gott und der konkreten Aufgabe sind noch nicht alle Aspekte meiner Berufung abgedeckt. Dieses Kapitel macht deutlich, dass es grundlegende Berufungen gibt, zu denen Gott jeden Christen beruft. Diese gehören genauso zu meiner Berufung wie ihre anderen Aspekte, also zum Beispiel mein spezieller Auftrag, meine Lebensaufgabe oder meine Freundschaft mit Gott. Schauen wir uns genauer an, was gemeint ist.

> Spezielle Berufung und grundlegende Berufung: Beides gehört zusammen.

Es gibt eine ganze Reihe von grundlegenden Berufungen für jeden Christen in der Bibel. Hier einige Beispiele in loser Reihenfolge: Christen sind von Jesus dazu berufen, seine Botschaft weiterzusagen und so seinen Auftrag fortzuführen (vgl. Matthäus 28,18-20). Christen sollen Frucht bringen (vgl. Johannes 15,16) und einen neuen Lebensstil einüben. Sie sind zur Gemeinschaft mit Jesus berufen (vgl. 1. Korinther 1,9), zur Freiheit (vgl. Galater 5,13), zur Heiligung (vgl. 1. Thessalonicher 4,7) und zu einem würdigen Lebensstil (vgl. Epheser 4,1). Ihre Berufung schließt die Berufung zur Hoffnung (vgl. Epheser 4,4) und zum ewigen Leben (vgl. 1. Timotheus 6,12) mit ein. Sie sind berufen, für Gottes Sache zu leiden (vgl. 1. Petrus 2,20-21) und andere zu segnen (vgl. 1. Petrus 3,9).

Das ist eine ganz schön lange Liste. Wer gründlich sucht, wird vielleicht noch mehr Beispiele finden. Und schon allein diese Aufzählung reicht, um mich kräftig unter Druck zu setzen. Immerhin sind die Ziele hochgesteckt. Andererseits kann sie mich auch entspannen. Denn diese Liste macht ein weiteres Mal klar, dass ich nicht krampfhaft nach meiner speziellen Berufung suchen muss und erst loslegen kann, wenn diese bis ins letzte Detail klar ist. Will ich all den grundlegenden Berufungen nachkommen, mit denen mich Gott in der Bibel beauftragt, bin ich schon ordentlich beschäftigt – und meiner Berufung ganz automatisch auf der Spur.

> Suche ich lediglich nach einer speziellen Aufgabe, komme ich nicht meiner ganzen Berufung nach.

Das vierte Kapitel hat schon deutlich gemacht, dass Gott mich nicht unbedingt aus meinem Lebensumfeld reißt, wenn ich seiner Berufung folge. Ich brauche keine Angst zu haben. Andererseits spricht die Bibel deutlich davon, dass Gott einen Menschen aus den bestehenden Verhältnissen herausrufen kann – ja ihn regelrecht entwurzelt. Abraham ist hierfür das klassische Beispiel. In 1. Mose 12,1 heißt es: „Dann befahl der Herr Abram: ‚Verlass deine Heimat, deine Verwandten und die Familie deines Vaters und geh in das Land, das ich dir zeigen werde!'"

Gott möchte Menschen, die er beruft, ganz für sich bean-
spruchen. Etwas Neues beginnt. So ist es zum Beispiel auch
bei Mose und Samuel. Sie werden aus ihren bestehenden Verhältnissen herausgerufen und sollen in der besonderen Beziehung zu Gott etwas Bestimmtes tun.

> Berufung bedeutet nicht: Hauptsache
> möglichst viel Veränderung.

Aber wie schon gesagt, ist das nicht immer der Fall. Berufung
kann ebenso bedeuten, dass die Umstände so bleiben, wie
sie sind. Auch dann kann und soll ich mich Gott völlig zur
Verfügung stellen. Berufung ist also nicht gleichzusetzen mit
Revolution: Hauptsache möglichst viel Veränderung! Dem
Sinn und Zweck meiner Berufung, dass ich an Gottes Reich
baue und mich so an seinem Werk beteilige, kann ich in einer
völlig neuen Situation ebenso nachkommen wie in meinem
gewohnten Umfeld. Wenn ich von Gott einen deutlichen Auftrag erhalten habe, wird das Auswirkungen haben, so oder
so. Wichtig ist herauszufinden, was Gott von mir will, und
bereit zu sein, seinem Willen nachzukommen.

In den vergangenen Monaten und Jahren habe ich Gott immer wieder gefragt, wie sein Plan für mein Leben aussieht: „Soll ich Missionarin werden?", „Herr, ist mein Studium überhaupt sinnvoll?", „Wo willst du mich gebrauchen, wenn ich mein Studium abgeschlossen habe?" Das sind nur einige der vielen Fragen, die mich bis heute bewegen. Und Gott antwortet. Meist anders, als ich es mir vorgestellt habe: Er zeigte mir, dass er mich nicht erst übermorgen gebrauchen will, nach Abschluss meiner Ausbildung, nicht erst, wenn ich genügend Wissen und Erfahrung gesammelt habe. Er will heute durch mich wirken! In der Uni, zu Hause, auf der Straße. Auch dann, wenn ich mich klein und unscheinbar fühle.

Deshalb warte ich nicht mehr passiv auf die große Aufgabe, sondern lerne, Gott Tag für Tag in den „kleinen" Dingen gehorsam zu sein. Indem ich für die bete, die es selber nicht können oder nicht wollen. Indem ich meine Freundin ermutige, die gerade Stress hat. Indem ich für meine WG-Mitbewohnerin den Abwasch erledige und ihr damit einen Gefallen tue. Indem ich meine Sitznachbarin anspreche, die Gott noch nicht kennt. Indem ich viele Menschen an meinem Leben teilhaben lasse, damit sie Gott darin erkennen – auch wenn ich dadurch verletzlich werde.

Diese alltäglichen Gelegenheiten, mit denen ich Gott verherrlichen kann, will ich mehr und mehr nutzen. Denn sie sind ein Teil meiner Berufung. Ein Teil, den ich schon jetzt gefunden habe und umsetzen kann. Und Gott überrascht mich immer wieder damit, dass ich in diesen scheinbar kleinen Dingen sein allmächtiges Handeln sehen darf.

S. K.

Meine Berufung

- Welchen Aspekten meiner Berufung komme ich nach? Welchen nicht?
- Setzt mich der Gedanke, dass meine Berufung so viele Aspekte hat, unter Druck? Oder befreit mich diese Tatsache eher, weil ich nicht mehr nach der einen Aufgabe suchen muss und meine Berufung dadurch so viel fassbarer wird?
- Was wünsche ich mir im Moment eher: dass alles so bleibt, wie es ist? Oder dass sich möglichst viel ändert? Warum?

Über dem Leben eines jeden Christen stehen zwei Worte, zwei Zusagen Gottes: geliebt und berufen.

KLAUS-GÜNTER PACHE

Wie finde ich meine Berufung – und was hat meine Herkunft damit zu tun?

Jetzt geht es ans Eingemachte. Die vielleicht wichtigsten und interessantesten Kapitel dieses Buches warten auf dich. Denn wahrscheinlich suchst du vor allem nach konkreten Hilfsmitteln, wie du Gottes Traum für dein Leben auf die Spur kommen kannst. Genau die wollen wir uns jetzt ansehen. Bisher ging es eher um Grundlagen. Jetzt geht es speziell um deine Berufung.

> Meine Berufung kann ich nur zusammen mit Gott herausfinden.

Um falschen Erwartungen gleich zu begegnen: Auch dieses und die nächsten Kapitel werden dir kein Patentrezept liefern. Du wirst keinen vorgefertigten Weg finden, dem du einfach folgen musst. Deine Berufung kannst nur du zusammen mit Gott herausfinden. Das braucht Zeit und Arbeit. Dieses Buch kann dir lediglich Hinweise geben. Alles andere wäre auch unglaubwürdig. Das Leben ist zu komplex, jeder Mensch ist ein einzigartiges Individuum und mit jedem schreibt Gott seine ganz persönliche Geschichte. Die eigene Berufung zu finden, ist meist kein Selbstläufer. Die gute Nachricht ist aber, dass es eine Reihe von hilfreichen Gedanken und Ansatzpunkten gibt, die dich deiner Berufung näherbringen können.

Es wird viel um Gaben und Fähigkeiten gehen. Denn auch wenn Gott nicht in erster Linie an meinen Begabungen, sondern an meiner Person interessiert ist, spielen meine Persönlichkeit und meine Talente eine wichtige Rolle. Wenn ich die Berufung Gottes für mein Leben annehme, werde ich ja nicht zu einem willenlosen, charakterlosen und leidenschaftslosen Roboter, der nur dazu da ist, einen Auftrag zu erfüllen.

> Die Anfänge meines roten Fadens finde ich in meiner Vergangenheit.

Es geht also darum, herauszufinden, ob es in meinem Leben so etwas wie einen roten Faden gibt, der auf eine spezielle Berufung hinweist. Wir werden verschiedenen Hinweisen nachgehen und versuchen, sie zu bündeln. Wir wollen der Richtung nachspüren, in die mein bisheriges Leben mit all seinen Erfahrungen zeigt. Es geht um die Frage, wo die Schwerpunkte, Interessen und Vorlieben liegen und was andere dazu sagen.

Um diesem roten Faden auf die Spur zu kommen, ist die Vergangenheit von großer Bedeutung. Das klingt im ersten Moment vielleicht komisch. Hat Berufung nicht viel mehr mit der Gegenwart und der Zukunft zu tun? Die Vergangenheit kann ich doch nicht mehr ändern – ganz egal ob sie ein Kindheitstraum oder -trauma war?!

Richtig, an der Vergangenheit kann man nicht mehr rütteln. Und Berufung zielt auf die Gegenwart und Zukunft ab. Trotzdem haben sehr viele Berufungen etwas mit der persönlichen Vergangenheit der Berufenen zu tun. Es scheint, als baue Gott oft auf einer Grundlage, einer Basis auf. Er hat vieles von langer Hand geplant.

Einige der schon genannten Personen der Bibel sind gute Beispiele dafür. Mose wächst am ägyptischen Königshof auf (vgl. 2. Mose 1,10) und verbringt anschließend 40 Jahre im Exil (vgl. 2. Mose 1,15-22). Erst dann bekommt er den Auftrag, das Volk Israel in die Freiheit zu führen. Es ist sehr gut möglich, dass genau diese Zeiten eine gute Grundlage für seine Berufung gelegt haben – und diese durch die Umwege und die damit verbundene Vorbereitungszeit erst möglich wurde. Ähnlich bei David. Was er in seiner Zeit als Schafhirte für seine Herrschaft als König von Israel gelernt hat, lässt sich zwar nur erahnen (vgl. 1. Samuel 16,11). Dass beides aber nichts miteinander zu tun haben sollte, ergibt wenig Sinn. Auch bei Paulus wurde schon deutlich, wie wichtig die Zeit vor dem eigentlichen Berufungserlebnis sein kann. Wäre er ohne seine herausragende theologische Vorbildung überhaupt zum Apostel und führenden Theologen der frühen Kirche berufen worden? Sicher hätte Gott Paulus auch übernatürlich begaben können, für ihn ist schließlich alles möglich. Wenn ihm aber alles möglich ist, kann er auch die Vergangenheit von Paulus aufgreifen und in seinen Plan integrieren.

Meine Geschichte kann mir also grundlegende und nicht zu unterschätzende Hinweise geben. Denn die Anfänge meines roten Fadens finde ich dort. Die Frage ist daher: Woher komme ich? Was sind meine Wurzeln? Und wie hat mich mein Hintergrund geprägt? Das ist auch schon aus ganz pragmatischen Überlegungen heraus wichtig. Niemand lebt ohne Geschichte und ohne Beziehungen zu seiner Vergangenheit. Man tritt immer, ob bewusst oder unbewusst, das Erbe der Eltern, Großeltern und anderer Menschen an, sowohl in negativer als auch in positiver Hinsicht. Verdränge ich die negativen Aspekte meiner Biografie, holen sie mich oft wieder durch die Hintertür ein. Lasse ich wiederum die positiven Aspekte meiner Vergangenheit ungenutzt, ist das verantwortungslos.

Den roten Faden aufzunehmen bedeutet also nicht, möglichst tief in meinen Verletzungen nachzubohren und das Gute in meinem Leben zu vergessen. Es geht auch nicht darum, alles zu verdrängen, was schiefgelaufen ist. Die Suche nach meinem roten Faden ist schlicht eine Bestandsaufnahme: Welche Faktoren haben mich sowohl positiv als auch negativ beeinflusst und in welche Richtung weisen sie?

Gott sind diese Hintergründe nicht egal. Vielmehr hat seine Berufung mitunter direkt etwas mit ihnen zu tun. Er liebt es, wenn ich ihm die guten Aspekte meiner Vergangenheit hinhalte und er etwas daraus machen darf. Er liebt es aber auch, meine wunden Punkte in seine Berufung für mich einzuweben und in Segen zu verwandeln. Aber dazu später mehr.

> Mein Lebensauftrag und meine
> Herkunft hängen zusammen.

Auch bei Samuel wird deutlich, dass meine Berufung und meine Herkunft zusammenhängen. Immerhin wird er schon vor der Geburt berufen (vgl. 1. Samuel 1,11). Seine Berufung ist direkt mit der Geschichte seiner Eltern verbunden. Ähnliches finden wir bei Johannes dem Täufer und Jesus. Die Berufung des Kindes wird den Eltern noch vor der Geburt mitgeteilt.

Das macht deutlich: Es ist kein Zufall, dass ich zu einer bestimmten Zeit in eine bestimmte Familie geboren wurde – unter welchen Umständen auch immer. Mein Lebensauftrag und meine Herkunft hängen zusammen. Deshalb ist es wichtig, die eigenen Hintergründe zu kennen, um meiner Berufung auf die Spur zu kommen. Wenn ich erkenne, wie Gott in meiner Vergangenheit gewirkt hat, gibt mir das vielleicht Hinweise darauf, wie Gottes Zukunft für mich aussieht. Die Aufgaben meines Lebens können sich ein Stück weit aus meiner Lebensgeschichte ergeben.

GOTTES TRAUM – KONKRET

Der Schock war riesig für mich. Nach 15 Jahren als Altenpflegerin auf einer Sozialstation musste ich aus gesundheitlichen Gründen aufhören. Natürlich war die Arbeit nicht immer leicht gewesen. Aber ich hatte immer gespürt: „Das ist der Beruf, den ich über alles liebe. Ich will nichts anderes tun, als alten Menschen zu helfen. Ich liebe alte Menschen, die oft so hilflos sind." Selbst ehrenamtlich war ich noch für sie da. Als nun das

Aus kam, dachte ich: „Lieber Gott, das kannst du doch nicht wollen!" Es traf mich zutiefst, doch Gott schlug diese Türe zu.

Nach der Reha besserte sich mein gesundheitlicher Zustand. Trotzdem war ich erst einmal arbeitslos. Täglich betete ich um eine passende Arbeit für mich. Meine Freunde unterstützten mich und standen mit Gebeten hinter mir. Mein Wunsch war es nach wie vor, mit alten Menschen zu arbeiten. Allerdings hatte der Arzt mir verboten, schwere Lasten zu heben – in der Altenpflege unerlässlich.

Im Sommer kauften wir ein kleines Häuschen, 50 Kilometer von unserem eigentlichen Wohnort entfernt. Nach meiner vollständigen Genesung bewarb ich mich in einem nahe gelegenen Altenheim. Und das Wunder geschah: Nur zwei Monate nach unserem Umzug und nach 1,5 Jahren intensiven Betens konnte ich eine neue Stelle antreten und den roten Faden in meinem Leben wieder aufnehmen

Jetzt bin ich in der Betreuung demenzkranker Menschen tätig. Ich liebe meine Gruppe von ganzem Herzen. Natürlich ist es auch hier nicht immer einfach, aber ich fühle mich wie schon an meinem vorherigen Arbeitsplatz in die Altenpflege berufen. Der Schwerpunkt hat sich etwas geändert. Weg von der intensiven, körperlichen Pflege alter Menschen hin zur Betreuung, bei der ich meinen Rücken nicht schwer belasten muss. Die grundlegende Richtung ist aber die gleiche geblieben. Ich weiß, dass Gott mich hier haben will.

K. V.

Meine Berufung

- Was löst es in mir aus, wenn ich an meine Vergangenheit denke?
- Welche Erfahrungen und Vorbilder haben mich positiv beeinflusst? Welche negativ?
- Welche Ereignisse und Umstände haben Fähigkeiten in mir wachsen lassen? Welche Fähigkeiten wurden unterdrückt?
- Sehe ich eine Richtung bzw. einen roten Faden?

Gott entwickelt unsere größten Stärken auf der Grundlage unserer eigenen Lebensgeschichte.

THOMAS HÄRRY

Wie finde ich meine Berufung – und was hat meine Persönlichkeit damit zu tun?

Manche Dinge gehen mir gut von der Hand. Ich könnte zum Beispiel stundenlang im Garten arbeiten: umgraben, aussäen, gießen, ernten – das ist mein Ding. Ich freue mich zu sehen, was ich geschafft habe und wenn es meinen Pflanzen gut geht. Das liegt mir. Es ist aktive Entspannung für mich, obwohl es eigentlich Arbeit bedeutet. Andere Dinge sind mir prinzipiell lästig. Bügeln zum Beispiel. Dieses Hantieren mit dem Bügeleisen auf dem wackeligen Bügelbrett – ich mag es einfach nicht. Schon nach wenigen Minuten bin ich völlig entnervt. Es kostet mich einiges an Kraft, dranzubleiben.

Dieses einfache Beispiel macht deutlich: Meine Person und meine Neigungen haben unmittelbar etwas damit zu tun, wie gut ich etwas mache. Je mehr ich einer Aufgabe entspreche, desto wirksamer, effektiver und ausdauernder kann ich sie erfüllen. Das gilt auch für meine Lebensaufgabe bzw. meine Berufung.

Durch meine Prägung und meinen Charakter tue ich manche Dinge lieber als andere. Manches kann ich gut und macht mir Spaß, anderes nicht. Das ist Gott nicht egal. Meine Berufung ist nicht umso richtiger, bedeutender oder wertvoller, je unangenehmer sie ist. Sie muss nicht wehtun, die Umstände müssen nicht unbedingt widrig sein.

Gottes Berufung muss nicht wehtun.

Leider ist die gegenteilige Meinung weit verbreitet: Wenn es besonders anstrengend ist, wehtut und Kraft kostet, muss es sich doch um eine echte Berufung handeln! Je weniger mir eine Aufgabe liegt, desto wahrscheinlicher ist es, dass es sich dabei um Gottes Plan für mein Leben handelt – so denken viele. Doch das stimmt nicht. Warum sollte Gott uns etwas aufbürden, für das wir weder geeignet sind noch dem wir irgendetwas Positives abgewinnen können?

Sicher: Gott beruft auch manchmal Menschen für eine Aufgabe, für die sie absolut nicht geeignet scheinen. Moses Lebensgeschichte ist dafür ein gutes Beispiel. Doch sie zeigt letztlich auch, dass er genau der Richtige war. Gott kann also in Einzelfällen entgegen den Neigungen und der persönlichen Prägung berufen. Aber das wird nicht der normale Weg sein. Falls Gott doch etwas in der Art mit mir vorhat, wird er mir das deutlich zu verstehen geben und mir auch die notwendige Kraft dafür geben.

> Gott will durch meine Neigungen
> und meine Leidenschaft handeln,
> nicht gegen sie.

Doch selbst wenn mir der Großteil meiner Berufung liegt, bedeutet das nicht, dass ich tagein, tagaus attraktive Aufgaben zu tun habe, die mich total erfüllen. Manches muss einfach erledigt werden, auch wenn ich es nicht gerne mache. In einigen Bereichen muss ich an meinen Schwächen arbeiten und – im Bild gesprochen – beim Bügeln dranbleiben und die unliebsame Aufgabe nicht einfach jemand anderem aufdrücken. Gott geht es letztlich um mein ganzes Wesen. Er kann am besten durch mich wirken, wenn mir das, was ich tue, entspricht. Meinem Charakter, meinen Vorlieben, meinem Sein. Wie effektiv ich arbeiten kann, hängt eng zusammen mit der Frage, was mir liegt und Spaß macht.

Auch die Dinge, für die mein Herz brennt, sind Gott nicht egal. Er ist an den Wünschen derer interessiert, die sich auf ihn verlassen (vgl. Psalm 37,4; Sprüche 10,24). Er will auf sie eingehen und durch meine Neigungen und meine Leidenschaft handeln, nicht gegen sie. Er selbst ist ja ein leidenschaftlicher Gott.

Deshalb können meine Neigungen und Wünsche Hinweise auf meine Berufung geben. Leidenschaft scheint sogar ein Grundbestandteil von Berufung zu sein. Einige Menschen in den großen Berufungsgeschichten der Bibel waren sehr leidenschaftlich, zum Beispiel Paulus (vgl. Galater 1,14) und Mose (vgl. 2. Mose 32,19). Und in den stillen Berufungen scheint sie auch eine Rolle zu spielen: Leidenschaft für die Sache Gottes. Man könnte sagen, eine Berufung ohne Leidenschaft ist nicht der richtige Weg. Denn Leidenschaft gibt mir Kraft und Energie, begeistert mich und regt mein Engagement an. Sie ist geradezu lebensnotwendig.

Das Bemerkenswerte ist: Leidenschaft kann sich durchaus erst einmal negativ bemerkbar machen. Manche Dinge bringen mich förmlich auf die Palme. Ich sehe Missstände, Situationen sind ungerecht – da muss ich einfach etwas tun, etwas verändern. Oder ich bemerke, wie etwas schiefläuft, und träume leidenschaftlich davon, wie es besser laufen könnte.

Also kann mich auch „zornige" Leidenschaft für die gerechte Sache Gottes auf meine Berufung hinweisen. Wut und Ärger können mehr mit Gottes Plan für mein Leben zu tun haben, als ich im ersten Moment denke. Sie setzen Energie frei, um die Dinge zu bekämpfen, die Gott und mich an der Welt stören. Diese Kraftquellen für mein Handeln sollte ich nicht unterschätzen. Sie sind Hinweise auf meine Sehnsüchte und Wünsche und können mir meinen Platz zeigen.

> Wut, Ärger und Zorn können mehr
> mit meiner Berufung zu tun haben,
> als ich im ersten Moment denke.

Schon meine Berufswahl hat etwas mit Berufung zu tun. Mein persönlicher Wunsch war es, Bauzeichnerin zu werden. Ich fand den Gedanken spannend, für andere Menschen Häuser und Wohnungen zu entwerfen. Eine Zusage für die Ausbildungsstelle hatte ich schon in der Tasche. Jedoch bekam ich zwei Wochen vor Ausbildungsbeginn doch eine Absage.

Da stand ich: ohne Lehrstelle und ohne Ideen für eine Alternative. In der Publikation eines christlichen Werkes stieß ich schließlich auf eine freie Lehrstelle zur Kauffrau für Bürokommunikation. Zuerst wusste ich gar nicht, was sich hinter diesem Namen verbirgt. Wie sich herausstellte, war es eine Ausbildung im Sekretariat – was ich absolut nicht wollte. Doch besser als nichts, also bewarb ich mich. Ich dachte, ich hätte niemals eine Chance. Allerdings schien Gott einen anderen Plan zu haben. Ich wurde zum Vorstellungsgespräch eingeladen und bekam sofort die Zusage, dass ich zwei Wochen später die Ausbildung beginnen könne.

Heute weiß ich, dass Gott bereits genau wusste, welche Gaben und Fähigkeiten er in mich hineingelegt hat – was ich als 17-jähriger Teenager noch nicht wusste. Es sind genau die Fähigkeiten, die für meinen jetzigen Beruf unerlässlich sind. Heute kann ich sagen: Dieser Beruf passt vollkommen zu mir und meiner Persönlichkeit. Ich möchte die Arbeit im Büro nicht mehr missen.

S. S.

Meine Berufung

- Was mag ich an mir selbst?
- Was motiviert und begeistert mich? Was demotiviert mich oder bringt mich regelrecht auf die Palme?
- Mit welcher Gruppe von Menschen kann ich gut umgehen?
- Auf welche Unternehmungen bin ich stolz? Mit was bin ich so richtig zufrieden? Und was ist mir völlig misslungen?
- Wo vergesse ich völlig die Zeit und bin ganz ich selbst?
- Angenommen, ich könnte nicht scheitern, hätte unendlich viel Zeit und Geld und andere Ressourcen zur Verfügung: Was würde ich angehen?
- Welche sind meine Kraftquellen? Wo, wie und mit wem kann ich nach einer anstrengenden Woche am besten auftanken?

Der Ort, an den Gott dich ruft, ist der Ort, an dem deine größte Freude auf die größte Not der Welt trifft.

FREDERICK BÜCHNER

Wie finde ich meine Berufung – und was haben meine Gaben und Fähigkeiten damit zu tun?

Auf der Spur meiner Berufung ging es bisher um meine Wurzeln (Warum bin ich so, wie ich bin?) und meine Vorlieben (Was mag ich und was nicht?). Jetzt geht es um meine konkreten Fähigkeiten und Talente. Denn auch auf diesem Gebiet bin ich absolut einmalig. Niemand sonst hat meine einzigartige Kombination aus praktischen, geistlichen, emotionalen, körperlichen, musikalischen oder anderen Begabungen. Dieses Paket gibt es nirgends sonst und wird es nie wieder geben.

> Niemand sonst hat meine einzigartige Kombination aus praktischen, geistlichen, emotionalen, körperlichen, musikalischen oder anderen Begabungen.

Gott hat mich geschaffen, so gewollt und möchte mich mit meinen Stärken gebrauchen. Er liebt es, wenn er Menschen für Aufgaben einsetzen kann, die ihnen entsprechen. Zum Beispiel hat Nehemia den Mauerbau von Jerusalem generalstabsmäßig geplant. Er scheint für die Aufgabe wie gemacht gewesen zu sein. Und es wäre völlig absurd zu denken, dass Gott seine Gaben egal gewesen wären. Wer schon jedes einzelne Haar auf dem Kopf des Menschen gezählt hat (vgl. Matthäus 10,30), wird sicher nicht gerade dann nachlässig, wenn es um Wichtigeres geht. Schließlich hat Gott diese Gaben in Nehemia hineingelegt. Sie waren ein Teil von ihm, damit er sie für andere und zur Ehre Gottes einsetzen konnte.

> Gott liebt es, wenn er Menschen für Aufgaben
> einsetzen kann, die ihnen entsprechen.

Damit wird deutlich: Es ist ein entscheidender Schritt auf dem Weg zu meiner Berufung, wenn ich meine persönlichen Begabungen herausfinde. Das hängt natürlich auch eng mit der Frage nach meinen Neigungen zusammen, über die wir im letzten Kapitel gesprochen haben. Für ein genaues Bild meiner Berufung muss ich mir aber beide Bereiche gesondert ansehen.

Ich muss ausprobieren und herausfinden, was ich gut kann. Was läuft mir leicht von der Hand, kostet mich wenig Energie und gibt mir sogar etwas zurück? Entsprechende Arbeiten erledige ich manchmal nebenbei, ohne dass ich besonders über sie nachdenken müsste. Es sind Tätigkeiten, die mir letztlich immer wieder Spaß machen, mich motivieren. Es fließt richtiggehend. Ich vergesse die Zeit und habe Freude daran. Ich merke, hier kann ich ich selbst sein. Außerdem bekomme ich positive Rückmeldungen.

Das müssen nicht ausschließlich besonders herausragende Begabungen sein; man muss kein musikalisches Genie sein oder ein Supersportler. Sie müssen nicht einmal besonders offensichtlich sein. Oft haben wir eine Standardauswahl von Begabungen im Kopf, gerade in christlichen Gemeinden. Wir denken schnell an die besonders für den Gottesdienst brauchbaren Fähigkeiten: Musik machen, predigen, leiten, moderieren.

Wie aber sieht es mit folgenden Eigenschaften aus? Gut organisieren können, besonders beharrlich beten, ein besonderes Herz und Verständnis für Kranke haben, selbstlos dienen können, gastfreundlich sein, besonders kontaktfreudig sein, ein Herz für diakonische Projekte haben, andere Menschen begeistern können, politisch denken, gut schreiben können, technisch versiert sein, wirtschaften können, freigebig sein, gut vermitteln können, Stress aushalten können, diszipliniert an einer Sache dranbleiben können, geistliche Unterscheidungskraft besitzen, sich gut in andere hineinversetzen können, selbstbewusst sein, einen besonderen Sinn für Gerechtigkeit haben, das Potenzial in anderen Menschen sehen ... Eine schier unendliche Welt von vielleicht unscheinbar wirkenden Begabungen wartet darauf, entdeckt und entfaltet zu werden! Wenn ich mich also auf die Suche nach meinen Begabungen mache, sollte ich mich nicht zu schnell mit dem Offensichtlichen zufriedengeben, mit dem, was sofort ins Auge springt. Gerade abseits der ausgetretenen Pfade komme ich vielleicht einem wichtigen Teil meiner Berufung auf die Spur. Auch beeindruckende Vorbilder sind an dieser Stelle fehl am Platz. Sie haben in einem anderen Zusammenhang durchaus ihre Berechtigung. Jetzt geht es aber erst einmal um meinen persönlichen Weg, den Gott mit mir ganz allein gehen will.

Auch sollte ich mich zunächst nicht von dem Gedanken leiten lassen, meine Begabungen müssten möglichst konkret und nützlich sein. Auch eine auf den ersten Blick scheinbar unnötige Fähigkeit kann von Bedeutung sein und in einem bestimmten Kontext plötzlich sehr wichtig werden. Das wird an den eben genannten Beispielen deutlich. Gott wird in seiner unendlichen Kreativität einen Platz dafür finden und mir zeigen, wo und wie er mich einsetzen kann.

Zu meinen Begabungen gehören nicht nur die natürlichen. So manche Gabe habe ich mir in mühevoller Kleinarbeit mit viel Schweiß und Tränen angeeignet. Eine andere Sprache zu sprechen, zum Beispiel, fliegt einem nicht von alleine zu. Für Gott kann diese Fähigkeit aber durchaus wichtig sein. Auch ein Instrument sehr gut zu beherrschen, braucht jahrelange Übung – was Gott nicht daran hindert, diese Gabe zu gebrauchen. Selbst die gerade genannten recht unscheinbaren Gaben kann man durch Training, Seminare und Literatur kultivieren und so immer mehr zu einem Teil der Berufung werden lassen. Zum Beispiel lässt sich die natürliche Begabung im Umgang mit Zahlen und wirtschaftlichen Denken durch ein Studium vertiefen und auf eine ganz neue Ebene bringen.

Natürlich haben diese Gaben etwas mit meinen Stärken zu tun, in den genannten Beispielen mit meinem Gefühl und meiner Liebe für Sprache, Musik und Zahlen. Trotzdem ist es nicht unerheblich, was ich daraus mache. Mein Engagement ist Gott alles andere als egal. Gerade durch Training können bestimmte Begabungen zu einem wesentlichen Teil meiner Berufung werden.

Es gibt also einiges zu tun. Ich muss der Frage auf den Grund gehen, welche Gaben Gott in mich hineingelegt hat und welche Fähigkeiten ich mir mit seiner Hilfe angeeignet habe. Welche Veranlagungen bringen meine Persönlichkeit und mein Körper mit? Was läuft mir leicht von der Hand und bereitet mir Freude? Das alles kann ich ihm im Rahmen meiner Berufung zur Verfügung stellen.

Es gibt außerdem noch einen dritten Bereich: meine geistlichen Gaben. Die Bibel nennt in mehreren Passagen einige dieser Wirkungen des Heiligen Geistes (vgl. Epheser

4,11; Römer 12,6-8; 1. Korinther 12,8-10.28-31; 1. Petrus 4,9-11). Sie machen klar, dass Gott jedem Christen zumindest eine Gabe zur Verfügung stellt (vgl. 1. Korinther 12,7; 1. Petrus 4,10). Und das nicht ohne Grund. Er möchte diese Gaben gebrauchen, um seine Gemeinde zu bauen. Das ist die zentrale Ausrichtung, wenn es um die Geistesgaben geht. Es geht nicht um mich und das, was ich Besonderes tun kann. Es geht um die anderen, die Christen um mich herum, die Gemeinde und das Reich Gottes – was hervorragend zum Thema Berufung passt, denn sie hat mit Gottes Traum für diese Welt zu tun.

Die Liste der geistlichen Gaben, die in der Bibel aufgezählt werden, ist nicht besonders lang. Dazu gehören zum Beispiel das Lehren, Evangelisation, Krankenheilung und die Gabe der Unterscheidung. Einige Theologen sind der Überzeugung, dass die biblischen Texte keine vollständige Liste liefern wollen, sondern nur Beispiele aufzeigen. Wie auch immer: Dieses Kapitel kann keine komplette Anleitung liefern, wie ich meine Geistesgaben herausfinde (im Anhang einige Buchtipps für diejenigen, die sich tiefer damit beschäftigen wollen). Dazu gehört aber sicher, in der Gemeinde vor Ort mitzuarbeiten und einiges auszuprobieren und sich selbst dann in Rücksprache mit Gott und anderen kritisch zu hinterfragen: Ist das, was ich tue, anderen eine Hilfe? Macht es mir Freude? Fällt es mir leicht oder ist das Ganze eher erzwungen?

Ob es sich nun um meine natürlichen Begabungen, um erworbene Fähigkeiten oder geistliche Gaben handelt: Rückmeldungen anderer Menschen sind von großer Bedeutung. Denn manchmal erkenne ich meine Stärken nicht, weil sie für mich völlig selbstverständlich sind. Gut organisieren? Klar, ist doch kein Ding. Gut singen? Logisch. Beharrlich beten können? Fällt mir leicht – anderen aber nicht! Auf manche Begabungen müssen mich meine Mitmenschen aufmerksam machen. Das bedeutet: Ich muss wachsam sein in Bezug auf das, was andere sagen. Wenn jemand ein Lob ausspricht: „Gut gemacht, du bist wirklich ein Gewinn!", dann sollte mir das im positiven Sinne zu denken geben.

> Auf manche Begabungen müssen mich meine Mitmenschen aufmerksam machen.

Außerdem brauche ich die Rückmeldung anderer Menschen, um herauszufinden, ob das, was ich tue, ihnen wirklich dient oder nicht. Ich sollte also damit rechnen, dass ich von anderen Christen bestätigt und bestärkt werde. Das muss nicht andauernd und von allen Seiten passieren. Bleibt es aber völlig aus, sollte ich das ehrliche Feedback von Menschen einfordern, die mich gut kennen, und herausfinden, ob die Bestätigung bisher einfach untergegangen ist oder ob ich mich tatsächlich an etwas herangewagt habe, was (noch) nicht dran ist.

Es ist schon 33 Jahre her. Ich lag auf der Entbindungsstation in freudiger Erwartung meiner Tochter. Mir gegenüber lag eine junge Frau, die ihren Sohn bereits entbunden hatte. Allerdings litt er unter einer Fehlstellung der Füße. Die frischgebackene Mutter war sichtlich verzweifelt. Vor allem, weil sie sich nicht erklären konnte, warum Gott ihr so etwas antat, wo sie doch ihr Leben lang gläubig gewesen war.

Ich kann nicht mehr sagen, warum, aber eine Antwort schoss wie selbstverständlich aus mir heraus, die diese Frau beruhigt haben muss. Denn sie besuchte mich später noch einmal in der Klinik, als sie selbst längst entlassen war. Sie schien nicht mehr so mutlos.

Damals fühlte ich es zum ersten Mal: Gott hat mich berufen, anderen Menschen Mut zu machen. Von den Gaben des Geistes wusste ich damals noch nichts, aber die Gewissheit, dass dies zumindest ein Teil meiner Berufung ist, hat sich immer wieder bestätigt. Ich bin – nach eigener leidvoller Prüfung – in der glücklichen Lage, Menschen Mut und Hoffnung zu geben mit den Geschichten, die ich nun Tag für Tag mit Gott erleben darf.

Ich hätte nie gedacht, dass das Leben so spannend und voller kleiner und großer Überraschungen sein kann – eben besonders dann, wenn man dem lebendigen Gott begegnet ist und sich herausstellt, dass der Glaube an ihn keine Illusion, sondern eine erfahrbare Tatsache ist!

A. T.

Meine Berufung

- Was kann ich gut? Was kann ich überhaupt nicht?
- Was bringe ich an Wissen, Erfahrungen und erworbenen Fähigkeiten mit?
- Welche natürlichen Gaben habe ich?
- Welche Geistesgaben habe ich? Wie habe ich sie bisher eingesetzt?

Los geht's!

Lies in der Bibel die Stellen nach, in denen die Geistesgaben aufgezählt werden (siehe oben). Worin findest du dich wieder? Welche Fähigkeiten siehst du, die nicht aufgezählt werden, in denen dich Gott aber gebraucht?

Im Anhang findest du eine Reihe von Möglichkeiten, um mehr über deine Begabungen und Geistesgaben herauszufinden. Welche Angebote sind dir schon bekannt? Welches Angebot klingt interessant für dich und könnte dir weiterhelfen?

Unsere einmalige Berufung umfasst viel mehr als unsere Karriere, unseren Beruf oder unsere Beschäftigung. Unsere einmalige Berufung wird sich auf unsere Gaben und Fähigkeiten gründen und aus unseren tiefsten Wünschen wachsen.

GORDON T. SMITH

Meine Berufung – meine Selbstverwirklichung?

An dieser Stelle müssen wir kurz innehalten, durchatmen und nachdenken. Denn wenn ich meine Berufung stark an meinen Wurzeln, meinen Neigungen und Fähigkeiten festmache, stellt sich die Frage: Bin ich hier nicht auf einem Selbstfindungs- und Selbstverwirklichungstrip? Heißt Berufung finden sich selbst finden? Und Berufung leben meine Person verwirklichen? Bedeutet das Annehmen meiner Berufung, dass ich nur noch das tue, was mir Spaß macht? Denn ganz natürlicherweise interessiere ich mich doch für die Aufgaben, die mir zusagen und meinen Gaben entsprechen. Bloß: Finde ich auf diesem Weg meine Berufung – oder lediglich mich selbst? Es stellt sich auch die Frage, wie ich mich selbst wahrnehme: Was kann ich und was kann ich nicht? Was sind meine Gaben und was nicht? Beantworten kann ich das nur aus meiner Erfahrung heraus. Nur wenn ich etwas ausprobiert habe, weiß ich, ob ich es kann oder nicht, ob es mir liegt oder nicht. Habe ich darin noch keine Erfahrungen gesammelt, gehe ich eher davon aus, dass ich es nicht kann – oder es zumindest einmal probieren müsste, um das Gegenteil herauszufinden. Ist es also möglich, dass ich Teile meiner Berufung verpasse, weil ich manche Dinge noch nie gemacht habe – für die ich aber sehr gut geeignet wäre?

Ein weiterer Grund dafür, nicht ausschließlich und zu sehr auf die eigenen Neigungen zu schauen, sind meine versteckten Beweggründe. Denn nicht immer sind Stärken und Schwächen klar voneinander zu trennen. Manchen Stärken liegt eine bestimmte Angst zugrunde. Verspüre ich beispielsweise einen besonderen Drang, anderen zu helfen, heißt das nicht unbedingt, dass ich besonders gut dienen kann, sondern unter Umständen leide ich an einem Helfersyndrom. Wer gut alleine zurechtkommt, hat nicht zwangsweise die Gabe der Ehelosigkeit, sondern möglicherweise Beziehungsängste und unverarbeitete Verletzungen in sich – und somit eher ein seel-sorgerliches Problem.

> Meine Neigungen, Gaben und Fähigkeiten können nur bedingt ein Hinweis auf meine Berufung sein.

Das bedeutet, dass die eigenen Neigungen, Gaben und Fä-higkeiten nur bedingt ein Hinweis auf meine Berufung sind. Ich sollte sie nicht absolut setzen und schon gar nicht unre-flektiert und ohne die Rückmeldung anderer Menschen als meine Berufung sehen. Ich muss im engen Kontakt zu Gott herausfinden, was wirklich dran ist, sonst bringen mich mei-ne Gaben unter Umständen auf eine falsche Fährte. Ich muss mir über meine wahren Motive klar werden. Sonst lüge ich mir etwas in die Tasche.

Konzentriere ich mich bei meiner Suche nach meiner Beru-fung allein auf meine Gaben und Fähigkeiten, verliere ich letztlich Gott aus dem Blick. Denn wie schon erwähnt, sind Gottes Maßstäbe für eine Berufung nicht unbedingt die glei-chen wie die gängigen menschlichen. Gott kann gerade dieje-nigen berufen, die unwichtig und unbegabt erscheinen. Wenn ich zu sehr auf das setze, was ich tun und leisten kann, steigt die Chance, dass ich an meiner Berufung vorbeilebe.

Deshalb muss ich die notwendige Balance finden. Einerseits sind meine Fähigkeiten Bestandteil meiner Berufung. Ich darf mich mutig auf die Suche machen, viel ausprobieren, meine Begabungen kultivieren und gebrauchen. Andererseits sollten die Überlegungen über meine Stärken niemals das direkte Reden von und mit Gott überlagern. Weder meine Taten noch meine Fähigkeiten dürfen die letztliche Grundlage meiner Berufung sein. Gott muss der Handelnde bleiben, alles andere macht keinen Sinn.

> Gott handelt nicht gegen Begabungen,
> sondern mit ihnen und durch sie.

Natürlich kann man jetzt einwenden: „Toll, erst soll ich mich möglichst umfassend auf die Suche nach meinen Gaben machen. Und wenn ich sie finde, haben sie nur bedingt mit meiner Berufung zu tun. Wozu dann der ganze Aufwand und wie kann ein gangbarer Weg aussehen?"

In der Praxis kann diese Balance folgendermaßen aussehen: Ich lasse mich erst einmal auf das ein, was ich gut kann, was ich kenne und womit ich schon positive Erfahrungen gemacht habe. Währenddessen pflege ich einen engen Kontakt zu Gott und bitte ihn, zu mir zu sprechen und einzuschreiten, sollte meine Berufung anders aussehen. Ich sollte dafür offen sein, dass Gott eingreift und mir etwas Neues klarmacht, und letztlich ihm dienen – nicht mir selbst und meinen Gaben.

Auch wenn ich also meine Fähigkeiten, Gaben, Neigungen und meine Herkunft bejahe, sollte ich immer Gott im Blick behalten und mit ihm auf Tuchfühlung bleiben. Es bringt nichts, aus mir selbst etwas bewirken zu wollen.

> Gott muss der Bezugspunkt bleiben, nicht ich selbst und meine Gaben.

Wenn ich meine Gaben in Bezug auf meine Berufung so reflektiere, stehe ich weniger in der Gefahr, mich selbst zu suchen oder zu verwirklichen. Ich stehe auch weniger in Gefahr, abzuheben oder mir nur noch das herauszusuchen, was mir Spaß macht. Meine Berufung schließt dann das Alltägliche, die Schwierigkeiten und selbst das Leid nicht aus.

Zudem kann ich dafür offen werden, dass Gott mich aus meiner Komfortzone lockt und ich über mich hinauswachse, weil ich nicht mehr auf meine eigenen Fähigkeiten setze. Raus aus der Sicherheit, hinein ins immer größere Vertrauen auf Gott. Das hat zum Beispiel Paulus erfahren. Ohne Gottes Hilfe hätte er wohl nie so eine gesegnete Arbeit für Gott machen können – auch wenn er ein sehr begnadeter Theologe war. Sein ganzes Leben war von dem Gedanken durchzogen, dass er nur in der Kraft Gottes seinen Dienst ausführen konnte. Er war von ihr abhängig, das betont er immer wieder (vgl. 2. Korinther 12,9). Gut so. Denn gerade so konnte Gott seine Kraft besonders entfalten.

Und er will, dass auch in mir seine Kraft mächtig wird.

Seit vierzig Jahren arbeite ich in der Industrie, im unteren bis mittleren Management. Da gibt es unausweichlich Momente, in denen man an seine Grenzen stößt und die Sinnfrage stellt. Gerade mit zunehmendem Alter wurde das immer stärker. War es der Sinn meines Lebens, glücklich verheiratet zu sein, fünf Kinder zu haben und wegen dieses Jobs morgens das Haus zu verlassen und abends müde und genervt zurückzukommen? Hatte Gott mich nur dafür geschaffen?

Die Beschäftigung mit dem Thema Berufung erschien mir da wie ein Rettungsanker. Ich wollte Gottes Auftrag für mein Leben entdecken. Letztlich aber nur vordergründig. Irgendwann wurde mir klar, dass hinter meinen Fragen nicht die Suche nach Gottes Auftrag stand, sondern die Unzufriedenheit in Bezug auf meine Selbstverwirklichung. Eigentlich ging es mir um meine Vorlieben und verpasste Gelegenheiten. Diese Erkenntnis traf mich recht heftig und war beschämend für mich. Ich wollte Gott als Mittel gegen meine selbst gemachte Unzufriedenheit benutzen!

Seither ist einiges passiert. Ich bin von meiner Leitungsfunktion zurückgetreten, bin aber mit 61 Jahren trotz gesundheitlicher Einschränkungen berufstätig. Ich weiß, dass ich mich noch von vielen Dingen und Vorlieben zu trennen habe. Ich weiß aber auch, dass Gott die Leerräume füllen wird. Wahrscheinlich wird das nicht auf spektakuläre Weise geschehen, sondern ganz alltäglich. Er wird die Zeit dazu bestimmen und mir das zumuten, was ich auch leisten kann. So bin ich gespannt, was Gott für mich bereithält.

P. M.

Meine Berufung

- Welche neuen Dinge könnte ich ausprobieren? Auf was habe ich schon lange Lust, habe mich aber noch nicht daran gewagt?
- Welche Beweggründe stecken hinter den Tätigkeiten, die ich gerne mache?
- Was halte ich von dem Gedanken, dass Gott gerade dann zum Zug kommen kann, wenn ich schwach bin?

Wir sind nicht dazu berufen, erfolgreich zu sein; wir sind dazu berufen, treu zu sein.

BILLY GRAHAM

Meine Berufung – und was haben meine Schwächen damit zu tun?

Bisher haben wir hauptsächlich unsere Stärken betrachtet. Das hatte gute Gründe. Trotzdem machte das letzte Kapitel deutlich, dass es bei meiner Berufung nicht ausschließlich um meine Stärken und ihre Verwirklichung gehen kann. Diesen Gedanken spinnen wir in diesem Kapitel noch ein Stück weiter. Die These: Meine Berufung kann auch einiges mit meinen Schwächen zu tun haben.

Die Aussage klingt vielleicht erst einmal steil. Ist sie auch. Das macht dieses Kapitel besonders spannend, vielleicht auch ein wenig aufrüttelnd – mit Sicherheit aber wohltuend und heilsam.

Zuerst stellen sich jedoch eine Reihe von Fragen: Was könnten meine Schwächen mit meiner Berufung zu tun haben? Wo ist der Zusammenhang? Oft beschleicht mich eher das Gefühl, dass mich gerade die Verletzungen und Krisen meines Lebens von Gottes Berufung abhalten. Oder dass es die von Sünde gekennzeichneten Bereiche meines Lebens sind, die mich für die Berufung Gottes disqualifizieren.

Intuitiv und menschlich gedacht ist das wohl richtig. Aus Gottes Perspektive ist aber eher das Gegenteil der Fall. Denn erstens sind es gerade diese Bereiche, die mich für Gottes Trost, für seine Hilfe und Vergebung offen machen. Wo, wenn nicht hier, kann sich zeigen, dass Gottes Kraft in meiner Schwachheit mächtig wird?

Zweitens habe ich gerade da, wo ich verletzt wurde und die Verletzung überwunden habe, mehr zu sagen als in den Bereichen meines Lebens, in denen alles glattgelaufen ist. Denn ich habe mitunter wichtige Erfahrungen gemacht und zum

Beispiel aufgrund einer Krise einige Dinge sehr gut durchdenken müssen.

Wenn jetzt noch Gott ins Spiel kommt, wird das Bild komplett. Denn gerade mit ihm an meiner Seite können Tiefpunkte meines Lebens zum Segen für mich und andere werden. Mit seiner Kraft und seinem Geist im Rücken kann er meine Fehler, Verletzungen und Schwächen in etwas Positives verwandeln.

> Mit Gott an meiner Seite können die Tiefpunkte meines Lebens zum Segen für mich und andere werden.

Das klingt unglaublich? Nicht mehr so sehr, wenn wir uns einige Personen der Bibel genauer ansehen. Hier finden wir unzählige Menschen mit Schwächen, mit Schuld und Verletzungen. Gott beruft bei Weitem nicht nur perfekte Glaubenshelden, die alles unter den Füßen haben. Jakob war ein hinterhältiger Betrüger, Jona ein feiger Angsthase und Paulus ein erbarmungsloser Verfolger. David war trotz Berufung ein Ehebrecher, Petrus trotz Berufung ein Verleugner. Diese Menschen waren voll von Fehlern und Schwächen. Jeder hatte sein Päckchen zu tragen und alle wurden an anderen Menschen schuldig. Nichtsdestotrotz hat Gott sie zu Großem berufen.

Es scheint, als wäre Gott nicht abgeneigt, die Defizite im Leben von Menschen aufzugreifen und in Segen zu verwandeln – wenn sie sich darauf einlassen. Er ist souverän und kreativ genug, um aus negativen Erfahrungen, Schwächen und Versagen eine Berufung werden zu lassen.* Ein paar einfache Beispiele machen das deutlich: Wer Konflikte in der eigenen Familie durchgestanden und verarbeitet hat, kann Menschen in Beziehungsproblemen glaubwürdig Hilfe anbieten. Jemand aus einer sehr harmonischen Familie ist unter Umständen erst einmal überfordert, wenn ihm solche Schwierigkeiten begegnen. Wer selbst an einer chronischen Krankheit leidet oder schwer krank gewesen ist, wird einen tieferen Zugang zu Kranken und ein besseres Verständnis für sie haben als jemand, für den ein gesunder Körper schon immer selbstverständlich ist. Wer selbst eine Sucht besiegt hat, wird Süchtigen sehr wahrscheinlich besser helfen können als jemand, der niemals Drogen angerührt hat.

> Gott scheint nicht abgeneigt, die Defizite im Leben von Menschen aufzugreifen und in Segen zu verwandeln.

Zugegeben, das sind etwas einfache und krasse Beispiele. Sie machen aber den grundlegenden Gedanken deutlich: Ein Blick auf die dunklen Stellen meines Lebens kann durchaus lohnend sein, wenn ich auf der Suche nach meiner Berufung bin. Und sie sind definitiv kein Ausschlusskriterium, um überhaupt berufen zu sein.

---

* Buchtipp: Thomas Härry, *Das Geheimnis deiner Stärke. Wie Gott deine Lebensgeschichte gebrauchen will*, SCM R.Brockhaus, 3. Auflage 2009.

Manchmal liegt sogar die größte Berufung dort, wo der Schmerz am größten ist. Gerade hier will Gott eingreifen, in

> Manchmal liegt die größte Berufung dort,
> wo der größte Schmerz ist.

meiner Schwachheit mächtig werden und Schweres in Segen verwandeln.

Auch wenn dieser Blick auf die dunklen Seiten etwas Mut erfordert, vielleicht sehr schwerfällt und sogar erst einmal schmerzhaft ist: Er eröffnet eine heilsame und hoffnungsvolle Perspektive auf meine Verletzungen und daraus entstandenen Ängste, auf meinen Schmerz und meine Krankheit. Schwere Zeiten können durch die Frage, was ich durch sie gelernt habe und dadurch zu geben habe, sinnvoll werden. Das macht sie nicht unbedingt leichter. Und es entbindet mich nicht davon, diese Krisen zu verarbeiten – manchmal auch mit professioneller Hilfe. Dennoch macht es einen großen Unterschied, ob ich bei der quälenden Frage nach dem „Warum" bleibe oder ob ich von ganzem Herzen das „Wozu" suche und so meine Berufung finde. Ich kann mich aus der Opferrolle befreien und in die Rolle des Überlebenden hineinwachsen. Mit voller Würde und einem wichtigen, einzigartigen Auftrag.

Vor vier Jahren wurde bei einer Routineuntersuchung Krebs an meiner Schilddrüse festgestellt. Das folgende Jahr brachte in Bezug auf meine Krankheit einen Rückschlag nach dem nächsten mit sich. Erst nach der dritten Operation ging es aufwärts. Was das mit Berufung zu tun hat? Sehr viel! Denn gerade in dieser Zeit habe ich Gott massiv erlebt. Vor allem im Krankenhaus, während der vier radioaktiven Jodtherapien. Ich durfte mein Zimmer nicht verlassen und verbrachte jeweils mehrere Tage mit anderen Patienten auf engstem Raum.

In jener Zeit entstanden sehr gute und tief greifende Gespräche mit den Zimmerkollegen. Von einem Betroffenen zum anderen. Und weil wir dasselbe durchmachten, erlebte ich eine große Offenheit. Wir verstanden uns, und das hat sehr gutgetan. Scheinbar konnte ich das alles geduldiger als andere über mich ergehen lassen. Außerdem schien ich eine Ruhe auszustrahlen, die sicher nicht von mir war. Eine Krankenschwester fragte mich zumindest, was mir helfe, das Ganze so gut zu verarbeiten. Ich konnte ihr von meinem Glauben und von Gottes Hilfe erzählen. Als ich sie bei meinem zweiten Aufenthalt wieder traf, hatten wir ein sehr langes Gespräch, in dem sie von einer schweren Situation berichtete und ich ihr eine große Hilfe sein konnte.

Das sind nur zwei Beispiele aus meiner scheinbaren Leidensgeschichte. Gott hat sie zu einer Segensgeschichte gemacht! Die Zeit im Krankenhaus war im Nachhinein die geeignetste Zeit meines Lebens, um meiner Berufung auf die Spur zu kommen.

Das habe ich natürlich nicht gleich erkannt. Selbstverständlich hatte ich mit der Diagnose Krebs sehr zu kämpfen. Als ich jedoch ein Ja zu der ganzen Situation gefunden hatte, benutzte Gott mich auf unglaubliche Art und Weise. Auch in vielen weiteren Gesprächen mit Kranken, Pflegern und Mitarbeitern im Krankenhaus, bei der Kur und danach. Im Rückblick erkenne ich, dass diese Zeit eine ganz besondere Berufung Gottes für mich war. Er beruft manchmal ganz anders, als wir uns das vorstellen.

G. S.

Meine Berufung

- Habe ich bisher das Gefühl, dass meine Schwächen mich für meine Berufung disqualifizieren? Oder nehme ich auch die Chancen wahr?
- Wo in meinem Leben wurde ich verletzt und fühle mich schwach? Welche Gefühle habe ich, wenn ich daran denke?
- Wo muss ich noch etwas in die Verarbeitung dieser Bereiche investieren?
- Was könnte ich zu geben haben, wenn ich meine Verletzungen und Schwächen ansehe?
- In welchen Bereichen habe ich bereits die Rückmeldung bekommen, dass ich ein Segen bin, obwohl ich mich unzulänglich fühle?

Los geht's!

Um manche Dinge zu verarbeiten, braucht man die Hilfe anderer, manchmal auch professionelle Unterstützung. Wenn du merkst, dass du Erlebnisse nicht unter die Füße bekommst, dann suche dir jemanden, der dir helfen kann. Falls du niemand Geeigneten kennst, kannst du unter www.derberatungsfuehrer.de nach jemandem suchen.

Gott hat aus meinem Lebensschrott ein Kunstwerk geformt. Eine Stärke, die mich selbst ermutigt und mit der ich anderen dienen kann.

Thomas Härry

Meine Berufung, das Reden Gottes und anderer Menschen

Wie wichtig das Hören auf Gott beim Thema Berufung ist, wurde schon an mehreren Stellen deutlich. Ich kann noch so gut über meine Begabungen, Schwächen und meine Vergangenheit Bescheid wissen – ohne den direkten Kontakt mit Gott werde ich meine Berufung sehr wahrscheinlich nicht finden. Deshalb müssen wir einen Blick auf eine Frage werfen, die sehr eng mit dem Thema Berufung zusammenhängt: Wie spricht Gott zu mir? Irgendwie muss sich Gott ja mitteilen.

Dieses Thema hat zu allen Zeiten Christen beschäftigt und einige Autoren haben dazu lesenswerte Bücher geschrieben. Damit ist klar, dass ein einzelnes Kapitel diese Frage niemals vollständig beantworten kann. Trotzdem will ich hier ein paar Hinweise geben, die aufzeigen, wie Gott geredet hat und das heute noch tut.

Genauso wie die Art und Weise, wie Gott beruft, sehr unspektakulär sein kann, ist auch das Reden Gottes oft ganz unauffällig. Gott hat ein großes Repertoire an ganz einfachen Wegen parat, um mit mir Kontakt aufzunehmen. Es geht also nicht um spektakuläre, geistliche Erlebnisse.

Einer der Klassiker, wie Gott zu uns spricht, ist natürlich die Bibel. Gerade sie ist von besonderer Bedeutung. In ihr hat sich Gott auf ganz verschiedene Weise offenbart, sich mitgeteilt. Deshalb ist es auch nicht notwendig, dass er sich zu bestimmten Belangen immer wieder neu äußert. Viele Antworten finden wir direkt hier! Zugegeben: Manchmal muss man in diesem umfangreichen Buch suchen, manchmal spricht einen die Bibel nicht an und manchmal ist sie nicht ganz einfach zu verstehen.

> Es ist nicht notwendig, dass sich
> Gott zu bestimmten Belangen
> immer wieder neu äußert.

Trotzdem ist es gerade die Bibel, die immer wieder zu uns spricht, sei es durch einzelne Aussagen oder durch Geschichten. Menschen berichten davon, dass sie plötzlich ganz persönlich angesprochen werden, als wäre der Text gerade für sie geschrieben worden. Das hängt eng mit dem Heiligen Geist zusammen, der in mir als Christ wirkt, mich die Bibel verstehen lässt und mich offen für Gottes Reden macht. Damit ist die Bibel ein zentraler Bestandteil des Redens Gottes. Sie kann mir Hinweise auf meine persönliche Berufung liefern.

Ein weiterer Klassiker ist das Gebet. Dabei kann Gott sehr gut zu mir sprechen – und das ganz schlicht und einfach. Manchmal kommt mir einfach ein klärender Gedanke in den Sinn, der mir in der Frage nach meiner Berufung weiterhilft. Manchmal schenkt Gott auch ein beruhigendes Gefühl, eine Gewissheit, dass ich auf dem richtigen Weg bin. Natürlich passiert manchmal auch nichts. Aber wie auch immer: Das Gebet ist immens wichtig, wenn ich nach meiner Berufung frage. Nicht selten schenkt Gott über diesen Weg Gewissheit, auch wenn das ein bisschen dauern kann.

Darüber hinaus ist es hilfreich, wenn ich meinen persönlichen Zugang zu Gott kenne, also die Art und Weise, auf der ich besonders gut mit Gott in Kontakt komme und auf die er mich erreicht. Gary L. Thomas hat zu diesem Thema das Buch „Neun Wege, Gott zu lieben" geschrieben. Er zeigt neun unterschiedliche Wege auf, wie Menschen Gott nahe kommen. Einige fühlen sich beispielsweise besonders mit

Gott verbunden, wenn sie in der Natur sind. Sie sind vom Anblick eines Bergpanoramas oder eines Sonnenuntergangs überwältigt und kommen ins Schwärmen für Gott, der alles gemacht hat.

> Es ist hilfreich, wenn ich meinen persönlichen Zugang zu Gott kenne.

Andere lieben die Traditionen, die sich in den 2000 Jahren des christlichen Glaubens entwickelt haben. Sie mögen ausgefeilte Liturgien und die beeindruckenden Rituale, die tief geistliche Dinge in Handlungen übersetzen. Diese Menschen kommen Gott besonders nah, wenn sie sich an Stundengebete halten oder sich laut die Bibel aus einer besonders ansprechenden Übersetzung in kunstvoller Sprache vorlesen.

Eine andere Gruppe kann gerade dann auf Gott hören, wenn überhaupt nichts ablenkt. Diese Menschen finden in der Einsamkeit und Einfachheit besonders gut zu Gott. Keine Bilder, keine Musik, kein Stress, keine Leute: Das sind die intensivsten Momente, geradezu das Lebenselixier dieser Menschen. Es ist ihr Zugang, um auf Gott hören zu können. Oft pflegen sie einen disziplinierten Lebensstil, der Freiräume schafft, um in der Einsamkeit Gott begegnen zu können.

Es gibt noch einige andere Zugänge, durch die Menschen Gott auf besondere Weise nahe kommen und hören können, wenn er spricht. Deutlich wird aber schon jetzt: Wie Gott zu mir spricht, kann entscheidend davon abhängen, welcher Zugang mir entspricht und ob ich diesen kenne und pflege.

Beim Reden Gottes können auch äußere Umstände eine Rolle spielen. Er kann mir durch seinen Geist zeigen, was sie für mich bedeuten. Sie können mich direkt ansprechen. Wie zum Beispiel bei Nehemia. Die Nachricht, wie es seinen Glaubensgenossen in Jerusalem ging, war die Grundlage für seinen besonderen Auftrag (vgl. Nehemia 1). Nehemia berichtete von keinem besonderen Reden Gottes, von einer spirituellen Erfahrung oder Ähnlichem. Er bekam schlicht Informationen, deren Sinn sich für ihn erschloss, weil er in enger Verbindung mit Gott lebte.

Genauso kann Gott auch durch eine innere Unruhe sprechen. Manchmal habe ich den Eindruck, noch nicht an dem Platz zu sein, an dem Gott mich haben möchte. Ich bin nicht ganz zufrieden, auch wenn ich die gegenwärtige Aufgabe gerne mache und sie sinnvoll ist. Es bleibt diese Sehnsucht, der Wunsch, das Leben noch mehr für Gott einzusetzen. Auch das kann ein Reden Gottes sein, das mit meiner Berufung zu tun hat. Gott selbst kann hinter solch einer Sehnsucht stecken. Gut möglich, dass er dann auf der Suche nach mir ist.

Darüber hinaus können wir damit rechnen, dass sich Gott auf ganz ähnliche Art und Weise mitteilt, wie er es zur Zeit der Bibel gemacht hat: durch Träume, durch akustische und optische Eindrücke oder durch Visionen. Schließlich reden wir von einem Gott, der sein Wesen nicht ändert und auch heute so wirken kann wie damals. Diese eher spektakulären Erlebnisse werden aber meist die Ausnahme bleiben. Gott kann sein Reden auf diese Art besonders betonen. Notwendig ist das nicht. Und schon gar nicht als alleiniges Reden Gottes anzusehen. Denn wie schon erwähnt, hat sich Gott bereits auf vielerlei Wegen offenbart. Es braucht nicht immer eine eindrucksvolle Bestätigung. Bin ich zu sehr darauf fixiert und warte, dass Gott sich doch bitteschön ganz deutlich und direkt zu verstehen gibt, vergebe ich so manche Chance. Meist ist es besser, das umzusetzen, was schon klar ist.

Nicht zuletzt gebraucht Gott gerne auch andere Menschen, um zu mir zu sprechen. Meine Mitchristen können gute Wegweiser sein, was seinen Willen angeht. Er kann durch sie zu mir sprechen und mir so Hinweise auf meine Berufung geben – mich manchmal sogar auf diese Weise berufen. Deshalb ist es wichtig, eine christliche Gemeinde zu besuchen. Unter anderem kann meine Berufung hier bestätigt werden (vgl. Apostelgeschichte 13,2). Reife Christen können mir neue Möglichkeiten aufzeigen. Gerade Leiter und Mentoren können zu Schlüsselfiguren für meinen Weg werden.

Deshalb ist es von großer Bedeutung, auf Mitchristen und ihre Einschätzung zu hören. Außerdem sehen auch in Bezug auf meine Berufung vier Augen mehr als zwei. So kann ich Bestätigung bekommen und manchen Fehler vermeiden. Denn in einer funktionierenden Gemeinschaft werde ich Korrektur erfahren. Manchmal ist es notwendig, sich dem Urteil anderer auszusetzen. Das zeugt davon, dass ich wirklich herausfinden möchte, was Gott will. Andere Menschen können mir manchmal sehr deutlich zeigen, ob ich Gottes Weg gehen will oder ob ich eigenen Wünschen und Absichten folge.

Es geht nicht darum, dass mir möglichst viele Menschen applaudieren und mir zustimmen. Nein, es geht um ermutigende Rückmeldungen von vom Geist Gottes geleiteten Menschen. Natürlich kann ich das Finden meiner Berufung nicht ganz auf andere abwälzen. Niemals sollte ich die Verantwortung für mein Leben in die Hand anderer geben und mich von ihrer Beurteilung völlig abhängig machen. Trotzdem sind einsame Beschlüsse meist nicht im Sinne der Bibel.

Beim Reden Gottes muss ich also in vielen Bereichen emp-
findsam bleiben. Wachsam und offen. Ich muss Gott die
Möglichkeit geben, mich zu berühren. Ansonsten besteht
schnell die Gefahr, dass ich mich auf das Augenscheinliche
konzentriere. Wenn ich aber nahe bei Gott bleibe, finde ich
wirklich in meine Berufung hinein.

Los geht's!

Gehe auf zwei Menschen zu, die dich gut kennen. Bitte sie um ihre
Einschätzung deiner Stärken und Schwächen. Was deckt sich mit deiner eigenen Einschätzung? Was nicht?

GOTTES TRAUM – KONKRET

Vor einiger Zeit startete ich in das Abenteuer, als freie Referen-
tin zu arbeiten. Dieser Entscheidung ging eine längere Entwick-
lung voraus, doch ich wollte sicher sein, dass dieser Weg nicht
nur mein eigener Wunsch war. Immer wieder betete ich um
einen Wink von Gott: „Herr, schenke mir ein Zeichen, ich will
diesen Schritt wirklich mit dir und für dich tun." Im Nachhinein
bin ich beschämt, wie klar Gott dieses Gebet erhört hat.
Einige Aspekte einer gelungenen Berufung kamen bei diesem
Ruf in die selbstständige Nebentätigkeit zusammen: Mein Ver-
stand sagte „Ja", meine Ideen passten zusammen, ich erhielt
Ermutigung von vertrauten Menschen und überraschende Zei-

chen. Ein tiefer Friede breitete sich in mir aus und das Wissen: Dieser Schritt ist Gottes Führung, wie in Psalm 32,8 versprochen: „Ich will dich unterweisen und dir den Weg weisen, den du gehen sollst."

Auch die Reaktionen auf meine Vorträge bestätigen meine Berufung. Ich höre Sätze wie: „Ihre Worte haben mich sehr angesprochen", „Ihre warme Art ist sehr einladend und werbend", „Sie haben eine so angenehme Stimme; was Sie sagen, fällt direkt in mein Herz", „Sie müssen unbedingt weitermachen, Sie sind so ermutigend und authentisch!"

Sicher weiß ich jetzt: Ich bin zu meiner Bestimmung und Berufung für meine momentane Lebensphase durchgedrungen.

M. S.

Fragen

- Wo, wann und wie habe ich schon erlebt, dass Gott zu mir spricht? Durch die Bibel, durch Bücher, Filme, die Natur, Erlebnisse, Gebete, andere Menschen?
- Welche anderen Christen haben mich nachhaltig positiv geprägt?
- Welche Personen aus der Bibel sprechen mich an? Welche Eigenschaften haben sie?
- In welchen Situationen habe ich positive Rückmeldungen von Menschen bekommen, in welchen negative?

Gott hat Zeit, mit uns zu reden, wenn wir nur Zeit haben, ihn zu hören.

JAKOB KROEKER

Meine Berufung: Wie setze ich sie um?

Langsam schließt sich der Kreis. Nachdem ich die Hintergründe meiner Berufung angesehen habe, um ihr näher auf die Spur zu kommen, geht es jetzt darum, wie ich sie umsetzen kann. Denn wenn sich die Hinweise auf meine Berufung verdichten, stellt sich die Frage: Wo fange ich an? Wie findet sie ihren Weg in den Alltag? Nur wenn ich das schaffe, wird meine Berufung ihre positiven Auswirkungen entfalten. Nur dann kann mein Glaube konkreter und natürlicher werden. Nur dann kann ich zielgerichteter leben und mein Alltag sinnvoller werden. Eine theoretische Berufung gibt es nicht.

> Eine theoretische Berufung gibt es nicht.

Auch hier gibt es keine fertige Lösung. Zu unterschiedlich handelt Gott mit Menschen. Zu unterschiedlich sind die Neigungen und Prägungen. Und zu unterschiedlich sind die bisherigen Lebensgeschichten. Die Antwort auf die Frage, wie ich in meine Berufung hineinfinde und sie umsetze, muss ich zumindest zum Teil selbst finden. Andere Menschen können mir Hinweise geben. Die letzte Verantwortung kann mir aber letztlich niemand abnehmen. Niemand kennt mein Leben so gut wie ich – ich kann die Frage nicht an andere abgeben. Auch Gott wird mir nicht tagtäglich bis ins letzte Detail vorschreiben, was zu tun ist. Mir bleibt nichts anderes übrig: Ich muss selbst aktiv werden.

Dem einen fällt das leichter, dem anderen schwerer. Es kommt sehr darauf an, wie ich Dinge angehe – wie ich also „gestrickt" bin. Manche Menschen sind sehr offen für eine Berufung. Sie wünschen sich sogar so etwas wie eine Wegweisung, vielleicht auch, weil sie sich von der Fülle an Optionen, die das Leben bietet, erschlagen fühlen. Oder weil sie Angst davor haben, etwas falsch zu machen, oder davor zurückschrecken, große Entscheidungen zu treffen, ohne die Konsequenzen abschätzen zu können.

Diese Menschen fühlen sich wohler, wenn Rahmenbedingungen klar und manche Dinge auch festgelegt sind. Beim Treffen eigener Entscheidungen haben sie manchmal das Gefühl, gegen Gott zu rebellieren. Sie freuen sich, wenn er möglichst vieles klarmacht und vorgibt; wenn er die Verantwortung übernimmt und sagt, was zu tun ist und was nicht. Das mag vielleicht etwas negativ klingen, hat aber auch seine guten Seiten. Diese Menschen sind zum Beispiel meist sehr offen für Korrektur. Und oft sind sie Personen, die gerne und mit großem Einsatz dienen.

Andere verstehen sich eher als fast ebenbürtige Partner Gottes. Ihre Einstellung ist: Berufung, ja gerne, das wird meine Spielwiese. Endlich kann ich mich mal austoben. Bis ins Detail festlegen lasse ich mich aber nicht. Der Plan ist ja offen, den Weg gehen muss man schließlich selbst. Zum Glück gibt es so viele Möglichkeiten. Gott wird sich melden, wenn meine Entscheidungen nicht seinem Willen entsprechen. Er berücksichtigt außerdem menschliche Wünsche. Was ich anpacke, wird Gott schon segnen. Gut, manchmal wird er mich auch korrigieren. Aber es wird schon nichts passieren, wenn ich einfach losgehe.

Der richtige Weg liegt zwischen diesen Extremen. Ich brauche weder zu vorsichtig zu sein und bei jedem Detail auf Rückmeldung von Gott zu warten. Noch sollte ich völlig unüberlegt lospreschen, wenn gerade erst ganz grundlegende Linien klar geworden sind. Je nachdem, wie ich also gestrickt bin, brauche ich manchmal einen Schubs, die Dinge selbst anzugehen und nicht bei jeder Kleinigkeit auf Gott zu warten. Manchmal muss ich aber auch lernen, dass es Grenzen gibt und Gott oder andere Menschen mir eigentlich noch etwas zu sagen haben. Am besten, ich bin gleichermaßen entschlossen und grundsätzlich offen für Korrektur.

Jesus hat diese Mitte gefunden und ist uns damit ein großes Vorbild. Er hat seinen Auftrag in beeindruckender Art und Weise umgesetzt. Das kann man zum Beispiel in Johannes 5 entdecken: „Ich versichere euch: Der Sohn kann nichts aus sich heraus tun. Er tut nur, was er den Vater tun sieht. Was immer der Vater tut, das tut auch der Sohn. Denn der Vater liebt den Sohn und zeigt ihm alles, was er selbst tut; und der Sohn wird noch weit Größeres tun. Ihr werdet staunen über das, was er tun wird" (Johannes 5,19-20; Hervorhebung durch den Autor).

Immer wieder Rücksprache halten mit Gott, aber auch aktiv handeln. Das ist es, was Jesus hier tut, und es geschieht auf einer besonderen Basis: Er ist mit seinem Vater eng verbunden, völlig vertraut. Jesus wusste, dass er letztlich aus eigener Kraft nichts tun konnte. Das wollte er auch nicht. Sein Wunsch war es, die Absichten seines Vaters auszuführen. Und der Vater zeigte ihm, was er tun sollte.

Wieder einmal wird deutlich, wie wichtig es ist, dass ich die Nähe zu Gott suche und auf ihn höre. Gerade wenn es um das Thema Berufung geht. Gerade wenn es an die Umsetzung geht. Meine Freundschaft, die Beziehung und meine Liebe zu Gott bleiben die Grundlage meiner Berufung.

Doch irgendwo zwischen dem Reden Gottes und dem konkreten Leben meiner Berufung kann es zu einem besonderen Phänomen kommen: Ich will meine Berufung umsetzen, im selben Moment scheint Gott sich ein wenig zurückzuziehen. Manchmal würde ich mir noch mehr Bestätigung wünschen oder mit ihm den nächsten, größeren Schritt besprechen. Es bleibt aber dabei: Gott hält sich eher bedeckt.

> Meine Freundschaft, die Beziehung und meine Liebe zu Gott bleiben die Grundlage meiner Berufung.

Auch wenn das passiert, muss ich nicht gleich in Panik verfallen. Wenn ich bewusst den allgemeinen Aspekten meiner Berufung nachkomme und ansonsten umsetze, was mir klar ist, befreie ich mich schon ein gutes Stück aus einer möglichen Starre. Und diese Zeiten haben sogar ihr Gutes: Gott möchte nämlich eigentlich wieder zu mir reden und wartet nur darauf, dass ich wirklich hinhöre: auf ihn, auf andere Christen, auf Begebenheiten usw. So werde ich unter Umständen aufmerksamer.

Nur weil ich meiner Berufung entsprechend handele, werde ich nicht unfehlbar. Meine Berufung zu gestalten beinhaltet auch immer, Fehler zu machen. Wer eine Aufgabe anpackt, wird manchmal schuldig. Und auch die Gegenseite wird nichts unversucht lassen, um mir Knüppel zwischen die Beine zu werfen. Gerade am Anfang.

Das war bei großen Persönlichkeiten der Bibel nicht anders. Paulus stand schon wenige Tage nach seiner Berufung unter Lebensgefahr (vgl. Apostelgeschichte 9,23). Jesus wurde nach seiner Taufe, mit der sein öffentliches Handeln begann,

> Meine Berufung zu gestalten bedeutet auch,
> Fehler zu machen.

besonders stark in Versuchung geführt (vgl. Lukas 4,1-13). Auch Abraham machte nicht allzu lange nach seiner sehr deutlichen Berufung schwere Fehler und brachte sein Leben damit in Gefahr (1. Mose 12,10-20).

Es sollte mich nicht irritieren oder entmutigen, wenn ich Fehler mache, alles schiefzulaufen scheint oder ich besonders versucht werde. Das scheint eher der Normalfall zu sein. Allein dieses Wissen ist hilfreich, solche Zeiten entspannter und mit einer von Gott gegebenen Souveränität anzugehen – dazu im übernächsten Kapitel mehr. Gott wird sich wieder zeigen. Und seine Berufung steht und fällt nicht damit, ob ich Fehler mache oder nicht, oder ob es Schwierigkeiten gibt oder nicht.

Anfang vierzig, alleinerziehend, drei Kinder, vollzeitig berufstätig als Krankenschwester: Vor zwei Jahren stellte sich für mich die Frage, wie es beruflich weitergehen könnte. War das mein Leben? Gottes erfüllender Plan? Ein Plan, den ich trotz schlechter Ausgangslage bisher ganz gut gemeistert hatte – zumindest nach eigenem Ermessen.

Innerlich spürte ich einen Impuls, noch einmal etwas Neues anzufangen. Ich fühlte mich stark genug für frischen Wind, war bereit, mich auch auf unbekannte Wege zu begeben. Eine konkrete Vorstellung, in welche Richtung das gehen könnte, hatte ich nicht. Auch wollte ich meinen Kindern keine großen Veränderungen zumuten.

Aber ich hatte immer wieder den Eindruck, dass ich dranbleiben sollte an den aufrüttelnden Gedanken und dem Wunsch zur Veränderung. Zu diesem Zeitpunkt stieß ich auf das Thema meiner persönlichen Berufung. Ich konnte meine Gedanken sortieren und mir über einiges klar werden. Gott versicherte mir, dass er alles zu seiner Zeit erfüllen würde. Sein Plan für mich ist vielseitig. Der Weg wird im Gehen erkennbar. Er hat mir die Geduld gegeben, entspannt auf die Veränderungen zu warten. Er hat mich nicht überfordert, sondern ist Schritt für Schritt vorangegangen.

Er machte mir klar, was ich konkret tun konnte. Ich schloss mich wieder einer Gemeinde an, befasste mich mit geistlichen Impulsen, anstatt nur Entspannung und Ablenkung zu suchen. Ich versuchte, in entscheidenden Momenten die richtigen Leute zu treffen, brachte mich durch Kontakte in Erinnerung.

Daraufhin führte mich Gott in eine anspruchsvolle Aufgabe, für die ich mich selbst nicht beworben hatte. Ich spürte: Er traut mir etwas zu, nimmt mich ernst. Es war, als sagte er zu mir: „Ich habe noch etwas vor mit dir."

Nach sechs Wochen erhielt ich von meinem Arbeitgeber die Nachricht, dass ich in einen neuen Arbeitsbereich versetzt werden könnte, wenn ich wollte. Genau um diese Stelle hatte ich gebetet. Sie eröffnete mit viele Perspektiven: geregelte Arbeitszeiten, viele Möglichkeiten zur Weiterbildung und berufliches Neuland.

Die Handschrift Gottes lese ich zwischen den Zeilen. Gott hat mir immer die Impulse gegeben, die wichtig waren, um den nächsten Schritt zu gehen. Er ist nah dran. Einmal fordert er mich auf, jetzt tätig zu werden, ein anderes Mal habe ich die Ruhe, gerade nichts zu tun, obwohl die betreffenden Menschen um mich sind – aber Gott gibt mir das Gespür, wann Aktion dran ist und wann nicht. Dies habe ich in den letzten Monaten stark erfahren. Er fördert mich, ohne mich zu überfordern. Er setzt Impulse und schenkt inneren Frieden.

Ich stehe nun ein paar Meter vor dem eigentlichen Wandel, die Veränderung ist im Gange, ich habe keine Ahnung, wie es konkret weitergehen wird. Aber ich habe wieder diese Gewissheit, dass er seinem Plan treu ist und dass es gut sein wird. Die Herausforderungen, die er für mich hat, wird er persönlich begleiten und somit habe ich keine Angst, sondern Freude vor dem Kommenden.

A. K.

Meine Berufung:

- Welchem Typ entspreche ich eher? Brauche ich manchmal einen Schubs oder eher eine Bremse?
- Wie reagiere ich, wenn Herausforderungen auf mich zukommen? Spornen sie mich an oder schüchtern sie mich ein?
- Habe ich schon erlebt, dass Gott schweigt? Wenn ja, wie bin ich mit der Situation umgegangen? Was hat mir oder anderen Christen geholfen?

Daran erkennt man berufene Leute, so wie Petrus einer war. Sie wissen, sie haben es eigentlich nicht verdient, aber Gott war unendlich gnädig zu ihnen. Deshalb wollen berufene Menschen Jesus näherkommen – ihr Leben lang.

KLAUS-GÜNTER PACHE

Meine Berufung: Wie finde ich hinein?

Wer hat nicht schon einmal die Erfahrung gemacht, wie hilfreich es ist, Dinge aufzuschreiben? Der eine vergisst so weniger, der Nächste ist sowieso ein eher visueller Lerntyp, und für manche ist es schlicht eine Hilfe, die Fakten einmal ganz sachlich und gebündelt auf einen Blick vor sich zu haben. Aufschreiben ist auch im digitalen Zeitalter ein zugleich einfaches und sehr effektives Instrument, um Dinge festzuhalten, sie zu durchdenken und gegebenenfalls wieder auf sie zurückzugreifen. Auch beim Thema Berufung.

Vielleicht habe ich bereits eine Ahnung, was Gott mit mir vorhat, und dies auf den letzten Seiten festgehalten. Jetzt habe ich die Chance, dem genauer nachzugehen und alles zusammenzutragen. Außerdem: Wenn ich etwas aufgeschrieben habe, erinnere ich mich im Alltag eher daran, was für mich wichtig ist und was ich in meinem Leben umsetzen möchte. Das bewahrt mich davor, zum Beispiel zu viele Aufgaben anzunehmen. Ich muss auch nicht immer neu überlegen, was zu meiner Berufung gehört. Dadurch habe ich die große Chance, mein Leben zufriedener und ausgeglichener zu führen – aber auch meinen Glauben zielgerichteter zu leben.

Was ist mir in Bezug auf meine Berufung klar geworden?

An dieser Stelle kann es daher sehr hilfreich sein, sich entspannt zurückzulehnen, sich hinzusetzen und die Lage zu überblicken, einmal zu sammeln und zu bündeln: Was ist mir in Bezug auf meine Berufung klar geworden? Welche Tendenz zeichnet sich ab? Und was ist noch unklar? Denn bisher ging es ja hauptsächlich darum, den Anhaltspunkten für meine Berufung nachzugehen. Sie auch umzusetzen, steht aber noch aus.

Letztlich ist es das Ziel dieses Buches, dass ich meine Berufung lebe. Ein Gefühl für sie bekommen zu haben oder mehr verstanden zu haben, ist zwar wichtig, aber nicht genug. Ein Lebenstraum ist nicht dazu da, verschlafen zu werden. Er will gelebt werden. Um diesen Sprung hinzukriegen, kann die folgende Übersicht eine Hilfe sein. So komme ich vielleicht dem roten Faden in meinem Leben auf die Spur, der mich zu meiner Berufung führt.

> Ein Lebenstraum ist nicht da, um verschlafen zu werden.

Was ich einmal aufgeschrieben habe, ist natürlich nicht in Stein gemeißelt und für alle Zeiten unabänderlich gültig. Es ist vielmehr so etwas wie ein Zwischenbericht, mit dem ich loslegen und schon einmal arbeiten kann. Meine Berufung muss ja nicht fürs ganze Leben festgelegt sein. Sie kann sich wandeln und in Bewegung sein. Deshalb sollte ich sie immer wieder zusammen mit Gott auf den Prüfstand stellen und gegebenenfalls an neue Umstände anpassen. Natürlich nicht jede Woche. Warum aber nicht einmal im Jahr? Außerdem kann es sein, dass ich aus den verschiedensten Gründen ein wenig danebenliege. Ich muss also offenbleiben für Korrektur durch Gott und andere Menschen – auch wenn sich meine Berufung schon deutlich abzeichnet.

Meine Berufung fällt mir nicht automatisch in den Schoß. Gottes Traum für mein Leben kann manchmal unbequem sein. Es bedeutet auf jeden Fall, dass ich losgehe, anfange, erste Schritte riskiere und Entscheidungen treffe. Ich fange an, in vielen Kleinigkeiten meinen Alltag auf meine Berufung auszurichten. Nicht alles auf einmal. Und ich werde nicht gleich alles perfekt machen. Muss ich auch nicht. Mit Gott an meiner Seite kann ich eins nach dem anderen angehen. Er wird mich nicht unter Druck setzen.

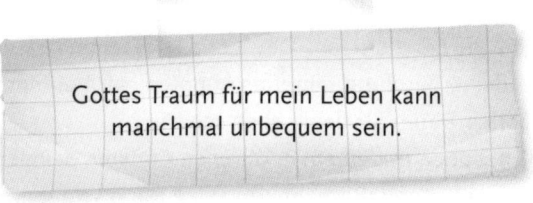

Gottes Traum für mein Leben kann manchmal unbequem sein.

Vielmehr wird er diesen Weg mit mir zusammen gehen. Ich kann letztlich nur in der Abhängigkeit von Gott in meine Berufung hineinfinden. Er ist derjenige, der mich beruft. Er möchte weiterhin bei mir sein und mir seinen Weg zeigen – auch wenn er mir schon vieles über meinen Auftrag klargemacht hat.

Los geht's!

Die folgende Auflistung bietet die Möglichkeit, alle bisherigen Aspekte auf einmal und sehr kompakt durchzugehen. Die Chance besteht also darin, alle relevanten Themen zusammenzufassen und als Ganzes schriftlich vor sich zu haben. Das kann dabei helfen, die vielen losen Enden zu ordnen und der eigenen Berufung oder einem Teil von ihr einen entscheidenden Schritt näher zu kommen. Am besten gehst du dafür nochmals deine bisherigen Notizen durch und überträgst zusammengefasst, was du dort jeweils schon erkannt hast.

Es kann aber auch sein, dass dich das Ganze eher verwirrt. Halb so schlimm. Manche Themen lassen sich nicht so schnell abhaken, über manches muss man eine Zeit lang brüten. Es macht nichts, diese Übersicht auch einmal länger zur Seite zu legen und sich später wieder mit ihr zu beschäftigen. Das gezielte Nachdenken über die Themen, die deine Berufung betreffen könnten, wird zumindest das Gefühl für Gottes Traum für dein Leben schärfen.

Wenn möglich, sprich mit einem erfahrenen Christen deines Vertrauens über diese Auflistung. Bitte ihn um seine Rückmeldung. Wenn es um größere Themen geht, kann das unendlich wertvoll sein. Und natürlich lade Gott ein, deine Gedanken zu führen und dich an dieser Stelle weiterzubringen.

Meine Berufung – Gottes Traum für mein Leben

Diesen Teil in Gottes großem Plan mit dieser Welt fülle ich meiner Meinung nach bisher aus:

Diese Aspekte meiner Berufung sind mir schon klar (siehe auch Kapitel 3):

Diesen Aspekt meiner jetzigen Tätigkeiten bzw. meines Berufs empfinde ich bereits als Teil meiner Berufung (siehe auch Kapitel 4):

Hier sehe ich erste Hinweise auf eine unspektakuläre und
ganz profane Berufung (siehe auch Kapitel 5):

Diesen grundlegenden, allgemeinen Berufungen der Bibel
komme ich bisher nach (siehe auch Kapitel 7):

Das könnte ich zur Ausprägung der Bereiche beitragen, die
noch unterentwickelt sind (siehe auch Kapitel 7):

Diese Ereignisse, Personen haben mich besonders geprägt (sowohl negativ als auch positiv) und könnten etwas mit meiner Berufung zu tun haben (siehe auch Kapitel 8):

Diese Stärken, Fähigkeiten, Leidenschaften und geistlichen Gaben könnten einen Teil meiner Berufung ausmachen (siehe auch Kapitel 9 und 10):

Diese Dinge möchte ich ausprobieren, um meiner Berufung weiter auf die Spur zu kommen (siehe auch Kapitel 11):

Diese Chancen sehe ich in den Schwächen und Verletzungen meiner Vergangenheit (siehe auch Kapitel 12):

Auf diese Weise komme ich Gott besonders gut nahe (siehe auch Kapitel 13):

Diese Person könnte mir dabei helfen, meine Berufung ausgewogen umzusetzen, mir also ggf. einen Schubs geben oder mich bremsen (siehe auch Kapitel 14):

Diese Fragen muss ich in Bezug auf meine Berufung noch klären:

Wenn ich alle bisherigen Fragen zusammennehme, sehe ich folgende Ansätze für einen roten Faden der Berufung Gottes in meinem Leben:

Die dominanten Fragen, die sich wie ein roter Faden durch mein Leben ziehen, sind: Wer bin ich? Wozu bin ich auf der Welt? Wo liegen meine Stärken und Schwächen? Diese Fragen haben mich immer fasziniert, gleichzeitig aber auch überwältigt und verunsichert.

Als mir klar wurde, dass ich sie nicht ohne Gott beantworten kann und will, hat sich vor allem meine Perspektive geändert. Die Frage ist jetzt: Hast du mich berufen, Gott? Und wenn ja, wozu?

Zwar habe ich mittlerweile verstanden, dass jeder berufen ist. Das freut mich sehr. Aber die Verunsicherung, was das für mich heißt, spüre ich manchmal noch. Was ist nun meine Aufgabe? Und was soll ich hier und jetzt bewirken?

Auf der anderen Seite stellt sich die Frage, ob die Bibel nicht schon genug darüber aussagt, wozu jeder berufen ist. Sollte ich nicht einfach da anpacken, wo die Not der Welt am größten ist? Und wenn ich mich das schon nicht traue, zumindest den offensichtlichen Nöten vor meiner Haustüre begegnen?

Je länger ich mich mit diesen Fragen auseinandersetze, desto mehr stelle ich fest, dass sie beide nebeneinander ihre Berechtigung haben. Sie ergänzen sich und ergeben zusammen das ganze Bild.

H. H.

Meine Berufung: Widerstände und Zweifel

Es bringt viele Vorteile mit sich, wenn ich meine Berufung finde und in ihr lebe. Gottes Traum kann mir sehr viel Spaß machen und mich mit einer Aufgabe erfüllen, die zu mir passt. Trotzdem besteht auch das Leben in meiner Berufung nicht nur aus eitel Sonnenschein und lauter schönen Momenten.

Das betrifft zum einen die Widerstände, die gerade dann einsetzen, wenn ich verstärkt nach meiner Berufung frage und versuche, sie in meinem Leben umzusetzen. Christen können sogar dazu berufen sein, für Gottes Sache zu leiden (vgl. 1. Petrus 2,20-21). Wer einen Blick in die weltweite Gemeinde wirft, wird unzählige Beispiele dafür finden, wie Christen belächelt, schikaniert, diskriminiert und verfolgt werden. Manchmal ein Leben lang.

Abrahams Leben bleibt auch Jahre nach seiner Berufung überaus turbulent. Mose hat unzählige Herausforderungen mit einem störrischen Volk in der Wüste zu bestehen. Elia kommt völlig an seine Grenzen und möchte am liebsten sterben (vgl. 1. Könige 19,2-4). Und Paulus entwickelt im Rahmen seiner Berufung eine regelrechte Theologie des Leidens. Die Grundaussage: Wer sich mit Christus identifiziert, identifiziert sich auch mit seinem Leiden (vgl. Römer 8,17; Philipper 1,29-30; 2. Timotheus 3,12).

Herausforderungen, Widerstände, Zweifel und Leid scheinen Gottes Berufung überhaupt nicht zu widersprechen. Wenn mir also der Wind entgegenbläst, heißt das nicht gleich, dass ich auf dem falschen Weg bin. Das scheint vielmehr zu einem Leben in der Berufung Gottes zu gehören. Gottes Traum für mein Leben tut manchmal weh.

Das kann viele Gründe haben. Manchmal handle ich mir hier und da Unverständnis oder Ressentiments ein, wenn ich so handle, wie Gott es möchte. Ich werde auch für den Gegenspieler Gottes unangenehmer, wenn ich meine Berufung umsetze. Er wird es nicht versäumen, mir Schwierigkeiten zu bereiten. Oft werde ich aber auch keinen Grund erfahren. Natürlich muss ich nicht die Schwierigkeiten oder gar das Unheil suchen. Es geht nicht darum, möglichst viel zu leiden. Ich bin meiner Berufung nicht automatisch umso näher, je mehr Widerstand ich erfahre. Trotzdem werden mich mein Alltag und die Umstände herausfordern, gerade wenn ich in meiner Berufung lebe. Damit muss ich rechnen.

> Ich bin meiner Berufung nicht automatisch
> umso näher, je mehr Widerstand ich erfahre.

Hier stellt sich die Frage: Wie kann ich von „Gottes Traum für mein Leben sprechen", wenn ich dann leide? Kann meine Berufung letztlich zum Albtraum ausarten? Nein. Gott gefällt es nicht, wenn ich leide. Er wird mich als sein Kind nicht unnötig quälen oder mir möglichst viele Hindernisse in den Weg legen. Er meint es gut mit mir und steht voll und ganz zu mir – allerdings wird er mich auch hier und da aus meiner Komfortzone locken, damit ich mich weiterentwickeln kann. Damit ich mich in seinem Sinne verändere. Das erklärt nicht alles Leid, das mir begegnen wird, kann aber manchmal eine Rolle spielen. Und wenn meine Berufung auch Notvolles beinhalten sollte, steht seine Zusage felsenfest, dass er im finsteren Tal bei mir ist (vgl. Psalm 23,4). Er achtet sorgsam darauf, was ich tragen kann und was nicht.

Nun muss ich nicht gleich mit dem Schlimmsten rechnen. An einem schlechten Tag reichen schon eine vorschnelle Bemerkung hier und etwas Kritik dort, um mich zu entmutigen oder mich sogar in Bezug auf meine Berufung zu verunsichern. Und daraus können ernsthafte Zweifel werden. Wenn ich dann noch zu viel Stress und sinnlose Ablenkung zulasse, werde ich schnell enttäuscht oder bitter. Die Beziehung zu Gott wird gestört.

> Könnte Gottes Traum für mein Leben in einen Albtraum ausarten?

Dazu kommt, dass ich schlechte Erfahrungen aus meiner Vergangenheit nicht plötzlich verdrängen kann. Ich lebe nicht nur im Heute und Jetzt, sosehr ich es auch versuche. Das behindert mich manchmal. So manchen alten Lügen in meinem Kopf glaube ich auch dann noch, wenn ich meiner Berufung folge. Dazu gehören zum Beispiel Aussagen wie „Andere können es ohnehin besser" oder „Ich darf niemandem zur Last fallen".

Es stellt sich also die Frage: Wie gehe ich damit um, wenn meine Berufung geprüft wird und manchmal sogar ins Wanken gerät? Wenn ich Zweifel bekomme, ob ich den richtigen Weg eingeschlagen habe? Wie kann ich meine Berufung schützen?

Einmal mehr gibt es keine allgemeingültige Lösung. Für manche mag es ein wichtiger Schritt sein, die soeben angesprochenen Lebenslügen zu identifizieren und zu entlarven. Jemand anderes muss seine Vergangenheit aufarbeiten, manchmal auch mit professioneller Hilfe. Genauso wichtig kann es aber auch sein, den Alltag gut im Blick zu behalten. Wenn ich mir zum Beispiel zu viele Aufgaben aufhalse, kann mir schnell alles zu viel werden und mich von meiner eigentlichen Berufung abhalten.

Gerade bei Zweifeln und Herausforderungen kann das, was ich zu meiner Berufung auf den letzten Seiten festgehalten habe, eine große Hilfe sein. Es unterstützt mich dabei, auf ihrer Spur zu bleiben, Wichtiges von Unwichtigem zu unterscheiden. So kann ich meine Lebensaufgabe effektiv ausführen und verteidige sie gegen unangebrachte Anforderungen. Ich konzentriere mich auf das Wesentliche und werde nicht von dem bestimmt, was auf mich einstürmt. Wenn ich unsicher bin, kann mich ein Blick auf meine Notizen wieder auf den richtigen Weg bringen und mich bestätigen. Die zu Anfang des Buches erwähnte Gewissheit kann wieder wachsen: Ich bin zur rechten Zeit am richtigen Ort und tue das, was Gott von mir möchte.

Der innere Schweinehund kann auch ein Hindernis in Bezug auf meine Berufung sein. Auf ihn muss ich besonders achten. Denn meiner Berufung nachzukommen bedeutet, manchmal dranzubleiben, auch wenn ich keine Lust mehr habe. Selbstdiszipliniert zu sein, auch wenn ich völlig geschafft bin. Und treu mein Ziel zu verfolgen, auch wenn es so viele attraktive Umwege und Möglichkeiten gibt, sich abzulenken. Ja, es ist manchmal mühsam. Bloß: Der innere Schweinehund wird umso stärker, je mehr ich Dinge einschleifen lasse, ich frustriert, überfordert oder gestresst bin. Daher muss ich achtsam mit mir und meinen Ressourcen umgehen. Natürlich lässt es sich nicht verhindern, dass es stressige Zeiten gibt, sei es im Beruf oder privat. Mein „inneres Haustierchen" sollte ich gerade dann aber auch hinsichtlich meiner Berufung im Blick behalten.

Dass sich meiner Berufung Dinge in den Weg stellen können, braucht mich jedoch nicht zu sehr unter Druck zu setzen. Mögen mir auch noch so viele Widerstände begegnen und Zweifel auftauchen: Ich kann mich darauf verlassen, dass ich niemals verlassen bin. Gott steht auf meiner Seite. Er wird den Traum, den er mit mir begonnen hat, zu einem guten Ende führen. Paulus umschreibt das so: „Ich bin ganz sicher, dass Gott, der sein gutes Werk in euch angefangen hat, damit weitermachen und es vollenden wird" (Philipper 1,6). Auch in Bezug auf meine Berufung ist auf Gott Verlass, komme, was wolle.

> Gott wird den Traum, den er mit mir begonnen hat, zu einem guten Ende führen.

Es scheint sogar so, dass sich meine Berufung gerade in schweren Zeiten weiter entfalten kann. Krisenzeiten mit Schwierigkeiten und Zweifeln bieten immer große Chancen. In dem Maß, wie ich mich trotz aller Widerstände auf Gottes Führung verlasse, kann meine Berufung weiter wachsen. Ich kann mich neu ausrichten, neue Impulse bekommen oder gestärkt werden. Im Nachhinein erweisen sich dann die Zeiten mit den größten Herausforderungen als die Zeiten mit dem größten Wachstum. Berufung ist manchmal auch ein großes

Stück Entscheidung. Die Entscheidung, dranzubleiben, weiter auf Gott zu vertrauen – und zu erfahren, dass er durchträgt.

Letztlich hilft es, mir das Thema Berufung immer wieder ins Gedächtnis zu rufen. Es im Hinterkopf zu haben, warmzuhalten und dranzubleiben. Sensibel für das Reden Gottes zu bleiben. Mir in Erinnerung zu rufen, dass ich meine Berufung niemals allein leben kann. Ich bin berufen – und doch muss ich mich auch selbst nach meiner Berufung ausstrecken. Jeden Tag neu.

GOTTES TRAUM – KONKRET

Während der Predigt spürte ich ganz deutlich, dass Jesus zu mir sprach. Mein ganzer Körper fing an, unruhig zu werden, das Herz raste, die Hitze stieg mir in den Kopf. Der Kreisvorsteher hatte am Ende seiner Ansprache darauf hingewiesen, dass die Leitung der Kreisfrauenarbeit seit etwa eineinhalb Jahren verwaist sei. Das war mir schon länger bekannt. Persönlich angesprochen hatte ich mich aber nie gefühlt.

Was sollte ich jetzt tun? Einen schnellen Entschluss wollte ich nicht fassen. Zweifel kamen auf, ich wusste aber, dass ich handeln sollte. Auf der Suche nach Orientierung stieß ich im Internet auf das Thema Berufung. Ich wusste gleich: Darauf sollte ich mich einlassen. Im Laufe der Beschäftigung mit dem Thema und im intensiven Gebet wurde mir deutlich, dass ich diese Aufgabe annehmen soll.

Mittlerweile habe ich dieses Amt seit eineinhalb Jahren inne, und es war richtig, dass ich Ja gesagt habe. Ich lerne z.B. viele neue Menschen kennen, lerne von ihnen, kann sie ein Stück begleiten. Die Arbeit macht sehr viel Freude. Natürlich gibt es auch Schwierigkeiten, die bewältigt werden müssen. Aber wer sich einsetzt, der setzt sich auch aus. Meine Berufung hilft mir, in solchen Situationen durchzuhalten.

C. P.

Meine Berufung

- Wo fühle ich mich leicht überfordert? Könnten diese Bereiche mit meiner Berufung kollidieren?
- In welchen Bereichen verzettele ich mich gerne?
- Welche Beziehungen könnten mir helfen, dranzubleiben?
- Wie erkenne ich meine Grenzen? Welche Warnzeichen lassen mich normalerweise aufmerken?
- Wie gehe ich mit Kritik um? Wie mit Versagen, Fehlern? Wie mit Erfolg?
- Wie gut kann ich mich selbst leiten? Wie ausgewachsen ist mein innerer Schweinehund in wichtigen Bereichen meines Lebens? Was hilft mir, ihn zu überwinden?

Fürchte nie, etwas Neues zu versuchen.
Laien habe die Arche gebaut, Experten
die Titanic.

AUTOR UNBEKANNT

Meine Berufung – wie geht es weiter?

Dieses Buch geht zu Ende – meine Berufung fängt vielleicht erst an oder geht weiter. Ganz ähnlich wie bei mancher Berufungsgeschichte in der Bibel. Oft berichtet der jeweilige Autor lediglich von besonderen Ereignissen. Zum Beispiel von dem spektakulären Reden Gottes zu Beginn oder seinem besonderen Eingreifen im weiteren Verlauf. Wie der Alltag der berufenen Personen aussah, wird oft sehr verkürzt berichtet, wenn überhaupt.

Dabei entscheidet gerade der Alltag, wie kraftvoll sich Gottes Berufung in meinem Leben auswirkt. Nicht unbedingt die großen Probleme sind die größte Herausforderung. Es sind vielmehr die ganz normalen Momente, in denen ich um Freiräume kämpfen muss, in denen sich schlechte Angewohnheiten so schnell einschleifen und gute so hart erkämpft werden müssen. Es sind die vielen kleinen, alltäglichen Kleinigkeiten, die über eine große Berufung entscheiden. Der Alltag wird prüfen, ob meine Berufung trägt.

> Gerade der Alltag entscheidet darüber, wie kraftvoll sich Gottes Berufung in meinem Leben auswirkt.

Bei großen Schwierigkeiten suche ich ohnehin sehr wahrscheinlich die Nähe zu Gott. Die vielen kleinen, scheinbar weniger wichtigen Herausforderungen sind es aber, die mich viel eher von meiner Berufung abbringen können: wenn mich der Wecker frühmorgens aus dem Schlaf reißt und ich viel zu müde bin, um mit Gott Kontakt aufzunehmen. Wenn mir anstrengende Kollegen oder meine Kinder den letzten Nerv geraubt haben und ich einfach eine kleine Auszeit brauche. Wenn ich nach einem anstrengenden Tag abends zu nicht viel mehr die Kraft habe, als mich vor den Fernseher zu setzen. Diese Momente haben mehr mit meiner Berufung zu tun, als mir lieb ist und es im ersten Moment scheint.

Es ist gar nicht so einfach, in der Bibel Beispiele für diese kleinen Momente zu finden, die so wichtig für meine Berufung sind. Die kleinen Momente, die den „Grundwasserspiegel" meiner Beziehung zu Gott oben und meine Berufung am Leben halten. Es gibt sie aber. Ein Beispiel finden wir in 1. Samuel 30,6. Dort heißt es im zweiten Teil des Verses ganz schlicht: „David aber stärkte sich in dem HERRN, seinem Gott" (LUT). Sicher, David befand sich gerade in ordentlichen Schwierigkeiten. Wie oft er sich sonst zurückgezogen hat, wissen wir nicht genau. Wir wissen auch nicht, wie David das gemacht hat. Sehr wahrscheinlich spielte das Gebet eine zentrale Rolle. Dennoch handelt es sich um ein sehr schönes Beispiel für das, was gemeint ist. Eine gute Begegnung mit Gott mitten im Alltag – die vielleicht auch an anderer Stelle die Berufung von David am Leben erhalten hat.

Einige Hinweise finden wir auch bei Jesus. Die Evangelisten berichten davon, wie er sich auf einen Berg oder anderswo in die Einsamkeit zurückzieht (vgl. Lukas 5,16; Lukas 6,12; Matthäus 14,23; Markus 1,35; Markus 6,46; Johannes 6,15). Diese Bibelstellen werden gerne genannt, wenn es allgemein um die Beziehung zu Gott geht und darum, wie wichtig es ist, sie zu pflegen. Sie hängen aber auch eng mit dem Thema Berufung zusammen. Denn ohne diese Auszeiten fernab von allem Trubel hätte Jesus seine Berufung niemals mit Vollmacht ausüben können. Die Zeiten mit Gott waren die Basis für seine Beziehung zu seinem himmlischen Vater und damit auch die tägliche Basis seiner Berufung.

Wieder sehen wir: Meine Beziehung zu Gott und meine Berufung hängen eng zusammen. Gott wird niemanden berufen, indem er ihm fünf Minuten lang eine Aufgabe erklärt und ihn dann für den Rest des Lebens alleine lässt. Ohne Beziehung keine dauerhafte Berufung. Ich werde Gottes Reden immer wieder brauchen, um auf Spur zu bleiben.

> Ohne Beziehung keine dauerhafte Berufung.

Die Tatsache, dass Gott nicht nur lebenslange Aufgaben als Berufung schenkt, zeigt auch, wie wichtig diese Nähe zu Gott ist. Berufung ist wandelbar und nicht statisch. Sie kann sich verändern, verschieben und aufhören. Jeder Mensch hat in unterschiedlichen Lebenslagen etwas anderes zu geben. Die Berufung eines 17-Jährigen wird meist anders aussehen als die eines 70-Jährigen. Um den Weg zu finden, brauche ich die Bindung an Gott. Er muss immer wieder zu mir sprechen können und mir klarmachen, was dran ist.

Das heißt wiederum nicht, dass ich nur weitergehen sollte, wenn er ganz deutlich zu mir spricht. Wenn die grundlegende Beziehung stimmt, kann ich mutig vieles selbst bestimmen. Eltern wollen ja auch nicht, dass ihre Kinder auf Dauer völlig abhängig von ihnen sind. Wenn die Werte der Familie klar sind und die Beziehung zu den Eltern stimmt, kann das Kind ganz gut selbst entscheiden, ob es jetzt das grüne oder das gelbe Bonbon lutscht.

Wahrscheinlich sind auch nach der Lektüre dieses Buches noch viele Fragen offen. Vielleicht passen manche Hinweise zu einer möglichen Berufung noch nicht recht zusammen. Vielleicht braucht es noch etwas Zeit, die Dinge zusammenzukriegen. Auch das muss mich nicht völlig blockieren. Ich kann Gott um Klarheit bitten und gleichzeitig anfangen, die Dinge umzusetzen, die ich verstanden habe. Gerade das siebte Kapitel, das unter anderem die grundlegenden Aufgaben jedes Christen im Blick hatte, bietet hierzu viele Möglichkeiten. Ich kann auch erfahrene Mitchristen um Rat fragen. Oder mich von großen Persönlichkeiten, die sich von Gott auf besondere Weise gebrauchen haben lassen, hier und da inspirieren lassen. Natürlich nicht, um alles zu kopieren. Wohl aber, um mein Gefühl dafür zu schärfen, wie Gott mit Menschen umgeht und wie er beruft.

Je mehr ich in meine Berufung hineinfinde, desto eher ist es mir auch möglich, andere Menschen für das Thema zu sensibilisieren. In ihnen das zu sehen, was Gott in ihnen schon sieht. Ich kann ein Mensch sein, der in anderen die Frage aufwirft, was Gott mit ihnen vorhat. Es braucht in jeder christlichen Gemeinde Leute, die anderen diese göttliche Perspektive geben können. Die fähige Leute erkennen, fördern und zu Menschen aufbauen, die sich berufen lassen. Die anderen den großen Plan Gottes vor Augen malen und dafür begeistern können.

> Es braucht Menschen, die anderen den großen Plan Gottes vor Augen malen und dafür begeistern können.

Letztlich geht es auch gar nicht so sehr darum, dass ich nach dem einen Platz, dem einen Weg, der einen Aufgabe suche, sondern ein Leben eng mit Gott führe. Dann kann ich ein Mensch werde, den Gott immer mehr gebraucht. Ich werde so, wie es Gottes Wille ist. Ich lebe so, wie es Gottes Wille ist. Mit anderen Worten: Ich lebe meine Berufung – Gottes Traum für mein Leben.

„Sind Sie berufen?" An dieser Frage wäre mein Bewerbungsgespräch beinahe gescheitert. Damals war ich 25 Jahre alt, hatte monatelang das Für und Wider der Arbeitsstelle bei einem christlichen Arbeitgeber abgewogen. Diese Frage aber war mir zu hoch gegriffen, irgendwie zu heilig und zu weit weg von meinem kleinen Leben. Ich habe einen Moment geschwiegen. Gott sei Dank griff eine andere leitende Person in diese heikle Situation ein und sagte warmherzig: „Ich denke, Sie sollten unterschreiben."

Ich habe meine Unterschrift unter den Arbeitsvertrag gesetzt. Und Gott hat diese Entscheidung bestätigt. 30 Jahre bin ich nun schon dabei. Ich bin Zeugin geworden, wie sich mein Arbeitgeber atemberaubend entwickelt hat, und habe meinen kleinen Beitrag dazu geleistet.

Heute würde ich übrigens die Frage von damals so beantworten: „Ja, so wahr mir Gott helfe, ich denke, dass er mich an diesen Platz gestellt hat. Ich glaube, dass ich berufen bin." Vielleicht ist es beim Thema der persönlichen Berufung oft so:

Ob ich für eine bestimmte Aufgabe berufen bin, erkenne ich leichter im Rückblick.

Wenn ich vor Entscheidungen stehe, sehe ich die Landschaft meines Lebens oft wie in einen Nebel gehüllt. Ich muss an Gottes Hand weitergehen, durch den Nebel. In seiner Gnade ein Stück Leben leben – um in der Rückschau zu sehen: Der Nebel hat sich gelichtet. Was Gott sich gedacht hat, liegt deutlich und in bunten Herbstfarbtönen vor meinen Augen.

I. H.

Los geht's!

Rede mit Gott und sage ihm, dass du gerne einen (Neu-)Anfang in Bezug auf deine Berufung machen möchtest. Dieses Gebet könnte z.B. Dank dafür beinhalten, was du erkannt hast. Auch könntest du um weitere Hilfe bei der Umsetzung bitten.

Wir brauchen nie Angst vor dem zu haben, was Gott uns als Berufung schenken könnte. Denn zum einen ist es immer gut, weil Gott gut ist und uns aus Liebe immer Gutes gibt. Zum anderen sind wir im Zentrum unserer Berufung zutiefst lebendig und erleben uns als die Person, die wir wirklich sind. In unserer Berufung erleben wir Begeisterung und Erfüllung. Unsere Berufung ist Teil des Traumes, der tief in uns schlummert oder auch schon in Ansätzen sichtbar geworden ist.

BIRGIT SCHILLING

Anhang

Auswahl an Persönlichkeits- und Gabentests sowie Büchern zum Thema

KOSTENPFLICHTIG

Tom Rath, Strengths Finder 2.0, Perseus Distribution, 2007 (englisch). *Der grundlegende Gedanke dieses Buchs: Konzentriere dich auf deine Stärken, anstatt dich an deinen Defiziten abzuarbeiten. Im Zentrum steht ein sehr durchdachter Persönlichkeitstest, der 34 allgemeine Talente misst. Der Leser erhält pro Buch einmal die Möglichkeit, diesen Test online durchzuführen (Dauer ca. 30 Minuten). So kann man die fünf stärksten Talente identifizieren; in einem Auswertungsbogen erhält der Leser sehr praxisbezogene Hinweise, wie man diese umsetzen kann. Die Konzentration auf Talente, die man ansonsten nicht so sehr im Blick hat, ist die Stärke dieses Tests.*

Friedbert Gay, Das persolog® Persönlichkeitsprofil, persolog, 2004. *Dieses Buch ist eine Weiterentwicklung des bekannten DISG-Modells. Es ist ein guter Einstieg, um persönliche Stärken und Schwächen kennenzulernen. Mit gutem Praxisbezug. Das Buch enthält einen Fragebogen zur Selbstauswertung.*

John M. Oldham/Lois B. Morris, Ihr Persönlichkeits-Portrait, Klotz Magdeburg, 6. Auflage 2010. *Dieses umfangreiche Buch erschließt dem interessierten Laien das wissenschaftliche Material, das hinter der weltweit anerkannten Klassifikation zur Persönlichkeitspsychologie (DSM-III-R) steckt. Der enthaltene Selbsttest hilft, die eigenen Beziehungen, den persönlichen Arbeitsstil und die Persönlichkeitsstile anderer Menschen besser zu verstehen.*

Christian Schwarz, Die 3 Farben deiner Gaben, C & P Verlagsgesellschaft, 11. Auflage 2001.
Dieses Buch ist eine detaillierte Anleitung für Christen, um ihre geistlichen Gaben zu entdecken. Der Gabentest ist schon etwas in die Jahre gekommen, aber doch immer noch hilfreich und wissenschaftlich solide.

Birgit Schilling, Berufung finden und leben. Lebensplanung für Frauen, SCM R.Brockhaus, 3. Auflage 2009.
Ein Buch, das sich zwar an Frauen richtet, aber auch gut von Männern gelesen werden kann. Mit vielen praktischen Tipps und Übungen kann man so seiner Berufung auf die Spur kommen.

Noor van Haaften, Lichter in der Nacht. Wozu wir berufen sind, SCM R.Brockhaus, 2009.
Dieses Buch beleuchtet die grundlegenden Berufungen, die wir als Christen bekommen haben. Anhand der Geschichte von Abraham und Sara wird gezeigt, was unsere Aufgaben sind und wie wir mit Herausforderungen umgehen können.

KOSTENLOS

Die Ruhr-Universität Bochum bietet für Studenten und Berufsanfänger einen kostenlosen Persönlichkeitstest an. Er gibt erste Hinweise auf persönliche Talente und Stärken und hat dabei die Frage nach dem passenden Beruf, der passenden Uni bzw. des passenden Studiengangs im Fokus. Der Teilnehmer erhält kostenlos eine Rückmeldung in PDF-Format, der konkrete Handlungsempfehlungen und Tipps zur weiteren Berufswahl enthält. Zu finden unter http://www.ruhr-uni-bochum.de/borakel/

Campus für Christus bietet einen kostenlosen Gabentest an, der für eine erste Orientierung hilfreich ist. Er enthält einen Gabenfragebogen mit 100 Fragen, Definitionen der verschiedenen Geistesgaben und Hinweise für die praktische Anwendung in der Gemeinde. Zu finden unter http://www.campus-d.de/shop/

Cornelia Mack

Meinen Platz im Leben finden

Gebunden, 13,5 x 20,5 cm, ca. 224 S.

Nr. 395.209

Wie finde ich meinen Platz im Leben, wenn ich jung bin
oder älter werde? Was mache ich, wenn mir der Platz ver-
loren geht? Wenn Beziehungen zerbrechen oder ich meine
Arbeitsstelle verliere ...? Was gibt mir Sicherheit im Leben?
Was passt zu meinem Typ und welchen Plan hat Gott für
mich? Die Suche nach dem richtigen Platz begleitet uns das
ganze Leben. Cornelia Mack geht diesen existenziellen Fragen kompetent auf den Grund. Sie schöpft dabei aus einem
reichen Erfahrungsschatz.

SCM Hänssler

Bianka Bleier, Martin Gundlach

Die 100 wichtigsten Fragen zum Leben

Gebunden, 13,5 x 18,5 cm, 160 S.

Nr. 629.479

Das Leben ist voller Fragen – insbesondere dann, wenn sich
Ihr Leben verändert oder ein neuer Abschnitt beginnt. Die
Fragen, die in diesen Umbruchzeiten dann aufkommen,
sind bei den meisten Menschen sehr ähnlich. In diesem
Buch hat das bekannte Autorenduo sie zusammen getragen
und für Sie geordnet. Sie laden Sie mit diesem Buch ein,
sich den entscheidenden Fragen zu stellen – und sie für
sich zu beantworten. Denn das können Sie nur selbst!
Bianka Bleier und Martin Gundlach sind sich sicher: Im
Lesen, Nachdenken und Schreiben werden Sie aus diesem
Projekt persönlich großen Gewinn ziehen!

SCM Collection